性教育はどうして必要なんだろう？

［編著］
浅井春夫
艮香織
鶴田敦子

包括的
性教育を
すすめるための
50のQ&A

大月書店

目次

II 国家はなぜ家族と性に強い関心をもつのだろう？ 61

III 包括的性教育をすべての子どもたちに 93

Ⅳ　世界の流れと日本のいま、これからの課題　133

はじめに――いま性教育が必要なわけ

人権としての性

人権とは何でしょうか。「人権は大切」という言葉はどこかで聞いたことがあるでしょう。しかし人権は抽象的な概念として受け止められがちです。人権とは、人間が人間らしく生きていくために欠くことのできない、誰にも生まれたときからそなわっている権利の総称をいいます。「人間らしく生きる」とは、自分の生き方を自分で選択して決めることです。そのための一定の条件を保障する必要があり、それを権利と表現することがあります。

人間らしく生きるにあたって、性は深く関わっています。性を含む自分のからだをどうとらえるか、心地よい状態にするために何ができるか（セルフケア）、誰と関係をつくるか／つくらないか、避妊をどうするか、家族を持つか／持たないか、子どもを持つか／持たないか……といった性に関わる事柄について、必要な知識とスキル（方法）をえて、性的自己決定能力を高めること、そして多様な選択を保障する社会のしくみをどう創っていくかは重要です。こうした性の権利（セクシュアル・ライツ）はセクシュアル・ヘルス[1]の実現に不可欠であり、国際的な宣言においても確認されてきた事柄です。１９９９年に世界性科学学会によって採

（1）セクシュアル・ヘルス（sexual health）「セクシュアリティに関して、身体的、情緒的、精神的、社会的に良い状態（ウェルビーイング）にあること。単に疾病や機能不全、虚弱質でないということではない。」（家族計画国際協力財団（ジョイセフ）『新版 IPPFセクシュアル／リプロダクティブ・ヘルス用語集』2010年8月）。

択された「性の権利宣言」には、セクシュアル・ライツは「あらゆる人間が有する、生まれながらの自由、尊厳、平等に基づく普遍的人権」で、「基本的人権」であると位置づけられています。またセクシュアル・ライツの一つに「10．包括的セクシュアリティ教育への権利」があり、誰もが包括的性教育を受ける権利を有しているとあります。

子どもたちに必要な性教育とは

あなたは性教育を受けた経験がありますか？　日本において性教育が保障されているとはいい難い現状があります。中学校の性教育の平均時間数は3学年合計8・93時間であり、フィンランドの17・7時間（基礎学校　7〜9学年）、韓国では年間10時間と比較すると、きわめて少ないことがわかります。また、性教育の内容はとても幅広いものです。ユネスコの『国際セクシュアリティ教育ガイダンス』（以下、『ガイダンス』）のいう包括的性教育の内容は**表1**（13ページ）、**表2**（14〜15ページ）の通りです。[2]　1学年3時間弱では包括的性教育を展開するには時間数が足りません。

性の学びが充分ではない一方で、性に関する偏った性情報はあふれ、子どもたちはそれにさらされています。家庭では性に関することを子どもに話しづらいからと学校に期待することが多いようです。

子どもへの性教育を進めていく場合、大人やその社会が、子どもをどういう存在として見ているか（子ども観）が関わってきます。子どもを権利行使の「主体」として見ているか、「客

（2）ユネスコの『国際セクシュアリティ教育ガイダンス』（以下、『ガイダンス』）のいう包括的性教育は、6つが基本的構想としてあげられています（**表1**）。学習目標と進める上でのポイントがまとめられています（**表2**に一部紹介）。特徴として、第1に、セクシュアリティはジェンダーとの関連なしには理解できないということを前提に、ジェンダー平等を基礎とした関係性が重視されている。第2に、「多様性」が重視されている。第3としては、性教育において道徳的判断は無関係であるとされている。性教育とは性道徳を教える教育ではなく、正確な情報、科学的知識にもとづき、それによってリスクの少ない行動を自己決定する力を獲得していくことを目指すものとあります。どのような実践がより効果的かについて、先行研究をもとに具体化されています（**表3**、16ページ）。

体」として見ているかという点です。それは子どもが性の知識をえたら性行動が活発になるのではないか、「寝た子を起こす」のではという意見に表われています。すでに子どもたちはさまざまな性に関する情報をえて「起きて」います。また、性行動は個人差が大きく、すでに性のトラブルを経験している子どもも少なくありません。

子どもの権利条約(3)の「あらゆる種類の情報及び考えを求め、受け、かつ伝える自由」（13条）と、子どもの生存及び発達を可能な最大限の範囲において確保（6条）すること、子どもの意見を尊重（12条）することといった内容は性教育を進める上でも、依拠しうるものです。

そして子どもに性教育を保障することは、「子どもの最善の利益の保障」（3条）とも合致するものです。

性教育を停滞させたバッシング

教育現場で特に性教育やジェンダーに関する教育を扱いづらい状況が続いている要因には、性そのものへの抵抗や偏見があることに加えて、２０００年前後に起きた「性教育バッシング」の影響があります。一連の性教育バッシングは新保守主義という考え方にもとづくものでした。バッシング側がめざすのは社会を構成する単位として「家族」をおき、「家族・共同体における責務を明確化」し、諸問題を自己責任のもとに家族に吸収させようとするものです。そのため「伝統的家族」や「母性」「父性」のように、伝統的保守的価値観への回帰をめざしたり、固定的性別役割分業の強調に固執したりします。性教育は性の自己決定や多

（3） 子どもの権利条約
外務省では「児童の権利条約（児童の権利に関する条約）」、文部科学省では「児童の権利に関する条約」、ユネスコ等では「子どもの権利条約」または「児童の権利に関する条約（子どもの権利条約）」と表記しています。「児童」「子供」「子ども」の表記も含めて、本書では各執筆者に委ね、統一していません。

様性、必要な知識の獲得に関わる内容を含むことから、攻撃の対象とされたのです。

00年前後にリプロダクディブ・ヘルス／ライツ[4]や、多様な家族、多様なセクシュアリティ[5]や日本軍「慰安婦」といったテーマが攻撃されたことにも表れています。そして障がい[6]のある子どもたちの性教育実践を積み重ねてきた七生《ななお》養護学校への攻撃（Q8、9参照）は、東京都の教育が、教育基本法を国家主義的・新自由主義的に改悪しようとする流れの中で起きました。つまり、性教育バッシングはきわめて政治的な動向の中で起きたものであって、子どもにとって必要な性教育とは何か、その内容を真剣に議論することを、そもそもの目的としていなかったといわざるをえないのです。

そして18年3月の東京都議会文教委員会で、古賀俊昭都議が区立中学校の性教育実践を、学校名と教員名を明らかにして問題視する発言をしました。それに対し都教委も、発達段階に合わない、学習指導要領から逸脱している、保護者の理解をえていないこと、また「人権教育として課題がある」とし、「徹底して検証、指導する」と答弁しました。03年の七生養護学校事件以来、教育現場で踏みこんだ実践が困難になっている一方で、名指しでの言及のみをとっても、教育への不当介入にほかなりません。

今回の実践も「避妊と中絶」がターゲットになりましたが、子どもたちの現状と、性教育の系統性を踏まえて作られてきたものであったことを度外視したものでした。今回のバッシングは単に性教育実践のみに向けられたものではありません。憲法改正に向けた動き、憲法24条の改正に向けた家庭教育支援法案（16年10月末定稿）、行政主導の婚活や妊活奨励の動き、

（4）リプロダクディブ・ヘルス／ライツ
セクシュアル・リプロダクティブ・ヘルス／ライツ（SRHR）＝性と生殖に関する健康と権利。IPPFや国際文書において、セクシュアル・リプロダクティブ・ヘルス／ライツという表記が多く、この場合はより包括的な意味を含みます。

（5）多様なセクシュアリティ
多様なセクシュアリティを表す言葉は多くあります。メディアではLGBTが使用されることが多いですが（LGBTとは、Lesbian レスビアン（女性同性愛者）、Gay ゲイ（男性同性愛者）、Bisexual バイセクシュアル（両性愛者）、Trans-gender トランスジェンダー（出生時に下された性と自認する性の不一致）の頭文字を連ねた言葉です）、これにクィア（Queer）が加えられることもあります。近年、国際文書においてマイノリティのみに限定せず、マジョリティも含み込むSOGI（Sexual Orientation and Gender Identity）が使用されるようになりました。さまざまな立場で何を重視しているかによって使われる言葉はそれぞれであり、意味は

健全育成条例等々に貫かれている理念は00年前後のバッシング側のものと重なっています。

性教育に挑戦しよう

私たちは性教育という切り口から、いまの人権に関わる現状と課題を明らかにしたいと考えました。そして、性の問題が顕在化する現場の教員や保育者や専門者が、自分たちの実践を守り豊かにするのに役立つように、また、「失われた15年」によって性教育そのものが停滞しているものの、性教育がむしろ必要だと考える保護者や、その要求に応える実践を若い教員がとりくむのに役立つようにと願って本書を作成しました。

Ⅰ章「性教育はどうして必要なんだろう?」では、七生養護学校や今回の公立中学校へのバッシングを踏まえて性教育の必要性を扱い、Ⅱ章「国家はなぜ家族と性に強い関心をもつのだろう?」は、多様化する家族や性をめぐる争点を紹介します。Ⅲ章「包括的性教育をすべての子どもたちに」では、性教育の基本的なあり方と実践的な内容を取り上げています。Ⅳ章「世界の流れと日本のいま、これからの課題」では、さまざまな国の性教育の現状に学びつつ、日本で性教育を進めていく上での課題や依拠しうる制度について提起します。

『ガイダンス』前文において、「性に関する部分的な情報や間違った情報、搾取の中で自分の生き方を見つける子どもを『放置』するのか、または普遍的価値と人権を基礎にした、明瞭で十分に詳しい、科学的な基盤にもとづいたセクシュアリティ教育に『挑戦』するのか」と私たち大人の選択をせまっています。

更新されています。本書では各執筆者に委ね、統一していません。

(6) 障がい
外務省では「障害者の権利に関する条約(略称:障害者権利条約)」、文部科学省では「障害者の権利に関する条約」としています。本書では「障害者権利条約」に統一することとしました。「障がい」の表記については、本書では各執筆者に委ね、統一していません。

子どもたちのために、そして大人のために、人権を基軸とした性教育をどのように保障していけばよいか、本書には挑戦にあたってのヒントがちりばめられているはずです。それぞれの想いがあってこの本を手にとられたみなさんと、性や性教育の現状を多角的に見て、性教育をどう積み重ねていけばよいか、ともに模索しつつ、挑戦していきましょう。

艮 香織

2018年7月

表１　『国際セクシュアリティ教育ガイダンス』の基本的構想と内容項目の概要

基本的構想１ 人間関係	基本的構想２ 価値観、態度、スキル	基本的構想３ 文化、社会、人権
内容項目 1.1　家族 1.2　友情、愛情、人間関係 1.3　寛容と敬意 1.4　長期的な責任ある関係、結婚、育児	内容項目 2.1　価値観、態度、性に関する学習の情報源 2.2　性的行動における規範や仲間の影響 2.3　意思決定 2.4　コミュニケーション、拒絶、交渉スキル 2.5　援助と支援を見つける	内容項目 3.1　セクシュアリティ、文化、人権 3.2　セクシュアリティとメディア 3.3　ジェンダーの社会的構造 3.4　性的虐待、搾取、有害な慣習等を含むジェンダーに基づいた暴力
基本的構想４ 人間の発達	**基本的構想５ 性的行動**	**基本的構想６ 性と生殖に関する健康**
内容項目 4.1　性と生殖の解剖学と生理学 4.2　生殖 4.3　前期思春期 4.4　からだ（body）イメージ 4.5　プライバシーとからだの尊厳	内容項目 5.1　セックス、セクシュアリティ、生涯にわたる性 5.2　性的行動と性的反応	内容項目 6.1　避妊 6.2　HIVを含む性感染症のリスクを理解、認識して低減させる 6.3　HIV/AIDSについてのスティグマ、ケア、治療と支援

（出所）ユネスコ編／浅井春夫・艮香織・田代美江子・渡辺大輔訳『国際セクシュアリティ教育ガイダンス――教育・福祉・医療・保健現場で活かすために』（明石書店、2017年）、124～125ページ

表２　ユネスコ『国際セクシュアリティ教育ガイダンス』における学習目標と重要となる考え方（一部）

基本的構想１の人間関係「1.1　家族」

レベル１（5～8歳）の学習目標	レベル２（9～12歳）の学習目標
さまざまな種類の家族のメンバーの例から、「家族」の意味を明確にする。 **重要となる考え方：** ・世界にはさまざまな種類の家族が存在する（ふたり親の家族、ひとり親の家族、世帯主が子どもの家族、世帯主が後見人、拡大家族、核家族、非伝統的家族　等）。 ・家族のメンバーは、それぞれニーズや役割を持っている。 ・家族のメンバーは、時にそうしたくなかったり、できなかったりすることもあるが、沢山の方法で互いに助け合う。 ・ジェンダー不平等は、家族のメンバーの間における役割や責任のあり方に反映されることが多い。 ・家族は、子どもに価値観を教えるのに重要である。	さまざまな家族のメンバーの役割、権利、責任を説明する。 **重要となる考え方：** ・家族は役割と責任の面で、ジェンダー平等を推進できる。 ・家族の中で、特に親子間でのコミュニケーションがよりよい関係を構築する。 ・両親や他の家族のメンバーは、子どもたちの決定を導き、支援する。 ・家族は、子どもたちが価値観を身につけるのを助け、かれらの人格に影響を与える。 ・健康や病気は、家族のメンバー、受容力、役割、責任で家族に影響を与える。
レベル３（12～15歳）の学習目標	**レベル４（15～18歳）の学習目標**
家族のメンバーが成長するにしたがってかれらの責任がどう変化するかを説明する。 **重要となる考え方：** ・愛情、協力、ジェンダー平等、互いの配慮、互いへの敬意は家族がうまく機能し、健康的な関係を保つために重要である。 ・成長するにつれ、子どもたちの世界や愛情は家族を超えて広がり、友だちや仲間が特に重要になる。 ・成長するということは自分自身や他者に対して責任持つということである。 ・親子の間での対立や誤解は、特に前期思春期においてよくあることであって、たいてい解決可能である。	性的な問題や人間関係の問題が、家族にどのような影響を与えうるかについて話し合う（例えば、HIV陽性であること、意図しない妊娠、同性との恋愛関係等を打ち明ける）。 **重要となる考え方：** ・家族の若いメンバーが、HIV陽性であることを打ち明けたり、妊娠したり、親が決めた結婚を拒否したり、性的指向を打ち明けた時、家族のメンバーの役割は変わるかもしれない。 ・危機の際に、家族のメンバーが頼ることのできる支援のしくみがある。 ・家族は、互いに敬意を持って支え合えば危機を乗り越えることができる。

基本的構想４の人間の発達「4.2　生殖」

レベル１（５～８歳）の学習目標	レベル２（９～12歳）の学習目標
赤ちゃんがどこから来るのかを説明する。 **重要となる考え方：** ・卵子と精子が結合することで赤ちゃんができる。 ・生殖は、排卵、受精、受胎、妊娠、分娩等、多くの段階を含む。 ・妊娠中の女性のからだは、さまざまな変化を経過する。	どのように妊娠するのか、どのように妊娠を避けることができるのかについて説明する。基本的な避妊方法について確認する。 **重要となる考え方：** ・無防備な膣内性交は、妊娠したり、HIVを含む性感染症に罹患する可能性がある。 ・性交を避けたり、避妊具を使う等、意図しない妊娠を防ぐ方法がある。 ・コンドームや避妊具を正しく常に使用することは、意図しない妊娠やHIVを含む性感染症を防げる。 ・ホルモンの変化が、排卵と月経周期を制御している。 ・女性の月経周期において、特定の妊娠しやすい期間がある。 ・低年齢での結婚（自発的でも強制でも）・妊娠・出産には健康上のリスクが伴う。 ・妊娠はHIV陽性の女性の健康を危険にさらすものではなく、赤ちゃんへのHIV感染のリスクを減少させるための方法がある。
レベル３（12～15歳）の学習目標	**レベル４（15～18歳）の学習目標**
妊娠の兆候、胎児の発達と分娩の段階について説明する。 **重要となる考え方：** ・妊娠には検査によって判定することが可能な兆候や症状がある。 ・胎児は多くの発達段階を経る。 ・健康な妊娠と安全な分娩を進めるための措置を講じることができる。 ・胎児の発達に関して、妊娠中の栄養不足、喫煙、アルコールや薬物使用からくる健康上のリスクがある。	生殖、性的機能、性的欲求の違いを区別する。 **重要となる考え方：** ・パートナーとの性的な関係において、双方の合意は、必ず要求されるものである。 ・性に関する意思決定において、意図しない妊娠や性感染症を予防するためのリスクを減らす方法について事前に考慮することが必要である。 ・男性と女性は、生涯を通じて性と生殖に関する機能の変化を経験する。 ・すべての人に生殖能力が備わっているわけではなく、また不妊に取り組む方法がある。

（出所）ユネスコ編／浅井春夫・艮香織・田代美江子・渡辺大輔訳『国際セクシュアリティ教育ガイダンス――教育・福祉・医療・保健現場で活かすために』（明石書店、2017年）、126～127・153～154ページ

表3　効果的なプログラムの特徴の要約

特徴
1. カリキュラム開発において、人間のセクシュアリティ、行動変容、関連する教育学理論の研究の専門家と連携する。
2. 論理モデルの開発のために、若者のリプロダクティブ・ヘルスに関するニーズと行動を見極める。
3. 健康上の目標、それら目標に影響を与える行動のタイプ、それら行動のタイプに影響を与えるリスクと保護要因、それらのリスクと保護要因を変容させる活動を具体的に記述する論理モデルアプローチを用いる。
4. コミュニティの価値に敏感で利用可能な資源（例えば、スタッフの時間、スタッフのスキル、施設の空間や備品）に合った活動をデザインする。
5. プログラムの試行を行い、プログラムがかれらのニーズにどのように応じているかについて学習者から継続的なフィードバックを得る。
6. カリキュラムの内容、アプローチの方法、アクティビティを決定する際、明確な目標に焦点化する。それらの目標はHIVやその他の性感染症と意図しない妊娠、あるいはそのどちらかの予防を含むべきである。
7. 健康という目標に直結する特定のリスクのある性的行動やそれらを予防する行動に限定して焦点化する。
8. 望まないもしくは無防備な性交を引き起こす可能性のある特定の状況と、こうした状況を避ける方法、これらの状況から脱出する方法について扱う。
9. 性感染症や妊娠のリスクを減らす行動についての明確なメッセージを提供する。
10. 特定の性的行動に影響を及ぼしかつカリキュラムに基づいたプログラム（例えば、知識、価値観、社会規範、態度、スキル）によって変化がもたらされるような、具体的なリスクと保護要因に焦点を当てる。
11. 積極的に生徒を巻き込み、情報の内面化と統合化を助けるような、参加型の教授法を用いる。
12. 対象者それぞれのリスクや保護要因を変化させるよう設計された、複合的で教育的性質を持つアクティビティを実践する。
13. 無防備な性交のリスクとさまざまな予防方法の有効性について、科学的に正確な情報を提供する。
14. リスクに対する認識に働きかける（特に感染しやすさ）。
15. 性的活動にかかわることと複数のパートナーを持つことの両方、あるいはそのどちらかについての、個人的な価値観と家族や仲間内の規範を扱う。
16. コンドームと避妊具に対する、個々人の態度と仲間内の規範を扱う。
17. スキルと、スキルを用いるための自己効力感の両方を扱う。
18. 論理的な順序に沿って課題を扱う。

（出所）ユネスコ編／浅井春夫・艮香織・田代美江子・渡辺大輔訳『国際セクシュアリティ教育ガイダンス——教育・福祉・医療・保健現場で活かすために』（明石書店、2017年）、60ページ

I

性教育は
どうして
必要なんだろう？

国際的にも、わが国においても、性教育の必要性がこんなに広く共有されている時代はありません。性教育は〝寝た子を起こす〟危険性があるという論がフェイク（うそ）であることも多くの調査で明らかになっています。セクシュアリティ教育プログラムの影響を測定した63の研究調査をレビューする『国際セクシュアリティ教育ガイダンス』のまとめによると、初めての性交を遅らせたとしても、早めるプログラムはありませんでした。わが国においても性教育実践のあとに、さまざまな性的問題行動が頻発したなどという話は耳にしたことがありません。むしろいくつもの自治体で避妊や中絶を含めて扱う包括的性教育を実施することを通して、10代の中絶率などを改善している現実があります。

性教育は人間を大切にする教育実践です。性教育とは、①性器を含めたからだの学習であり、②人とのしあわせな出会い方と人間発見の学びであり、③健康な人間関係の形成と創り直しのプロセスでもあります。性の学びは、人間と社会に対する真摯《しんし》で深い学習となります。

本章では性教育の必要性を、①子ども・青年の性意識・性行動の実際から（Q1、2）、②性教育の実践と運営のあり方から（Q3、4）、③国や自治体、教育委員会などにみられる性教育政策の現状分析から（Q5、12、13）、④子どもの性の学び欲求から（Q6、7、11）、⑤性教育をめぐる社会的動向と課題（Q8、9、10）などから抽出しています。

子どもたちと時代の現実の捉え方こそ性教育を必要と考えるかどうかの分岐点となっています。何よりも人間の性を学びたいと思っているのは子どもたちであり、正面から子どものニーズに応えていきたいものです。

（浅井春夫）

Q1 中高生・10代の性行動・性意識の実態は、この20年でどう変化している？

子どもたちの現状は〝寝ている〟などという牧歌的な状況ではありません。情報入手ツールとしてのスマホの所持率を見ても、学校種別が上がるほど利用が多くなっており、2017年度現在、小学生では29・9％、中学生では58・1％、高校生では95・9％がいずれかの「スマートフォン」を利用しているのが実際です。(1) パソコンやゲーム機などを含めたインターネットに接続できるいずれの機器も利用していないのは、小中高合わせて7・7％にすぎません。

もちろんテレビ・ラジオ、漫画、子ども間の口コミ・ウラ情報など、性情報は子どもたちの身近にあふれていて、子どもたちはゆり動かされ、たたき起こされているのが実際です。それに対して、2000年前後からの性教育・ジェンダーバッシングの影響や、文部科学省・自治体の性教育政策や方針によって、子どもたちの性の学びの機会である性教育は制限されてきました。

高校生の性知識の正答率を見てみると、(2) 12の設問の平均正答率は3割程度となっています。設問と正答率のいくつかを紹介します。

(1)　内閣府「平成29年度　青少年のインターネット利用環境実態調査」(2018年3月)。

(2)　NPO法人ピルコン「高校生の性知識・性意識・性の悩みに関する調査」(調査対象＝関東圏全日制高校生1年生～3年生男女4016名(11校)、調査期間＝2016年7月～12月)。

問題	正答率	わからない
（1）「排卵はいつも月経中に起こる」（正解は×）	18％	65％
（2）「精液がたまりすぎると、体に悪影響がある」（×）	24％	64％
（3）「膣外射精は有効な避妊法である」（×）	35％	52％
（4）「月経中や安全日の性交なら妊娠しない」（×）	38％	52％
（5）「低用量ピルは女性が正しく服用することでほぼ確実に避妊できる」（○）	17％	62％

などとなっています。

こうした性知識の貧困状態がさまざまなリスク行動につながっています。無知は問題行動と性的トラブルを誘発することになります。自分自身と人間のいのち・人権を大切にするためには、性を学ぶ権利を、すべての子どもたちに保障することを通して賢明な性行動を選択できる力をはぐくむことが求められています。

日本性教育協会「青少年の性行動――わが国の中学生・高校生・大学生に関する第8回調査報告」[3]から、中高生の性行動の統計を紹介しますと、以下のような状況となっています。

【キス経験】　中学生男子：9・5％、女子：12・6％、
高校生男子：31・9％、女子：40・7％

（3）日本性教育協会『「青少年の性行動」第8回調査報告』（2018年8月）、2017年調査。

【性交経験】中学生男子：３・７％、女子：４・５％、
高校生男子：13・６％、女子：19・３％
【性的関心】中学生男子：46・２％、女子：28・９％、
高校生男子：76・９％、女子：42・９％
【射精・月経の経験率】中学生男子：37・２％、女子：81・２％、
高校生男子：84・１％、女子：94・３％

「いずれの調査時点においても、初交時の年齢が15歳以下の場合16歳以上と比べて避妊の実行率が低い」ことが明らかになっています。[4] さらに「性教育や性知識と避妊の実行の関連についてもいくつかの知見が得られている。学校で性交について学習している者や、避妊についての情報を学校の性教育から得ている者ほど避妊の実行率が高く、学校での性教育は青少年の避妊行動に肯定的な影響を及ぼしている」ことを示しています。[5] こうした性行動調査の数値から見ても、またさまざまな知見からも中学校段階で性行動や避妊・中絶を扱うことは性教育実践の必要最低限の内容となっています。

この30年間（１９８７〜２０１７年）の性行動の変化を「性交経験率」で見ると（**表**、22ページ）全体として確実に増加しています。２０１７年の数値は05年と比べて、高校生、大学生は低下しています。そのことで〝草食化〟が進んだという分析を導くよりも、確実に増加し、高校生においては一定の集団が性交経験者であるというのが実際です。中学生において

（４）40年間の経年変化の確認は、林雄亮編著『青少年の性行動はどう変わってきたか――全国調査にみる40年間』（ミネルヴァ書房、２０１８年）を参照しました。同書、83ページ。

（５）前掲書、86ページ。

表　性別、学校段階別の性交経験率の変化

	1974年（第1回）	1981年（第2回）	1987年（第3回）	1993年（第4回）	1999年（第5回）	2005年（第6回）	2011年（第7回）	2017年（第8回）
中学生男子	—	—	2.2%	1.9%	3.9%	3.6%	3.7%	3.7%
中学生女子	—	—	1.8%	3.0%	3.0%	4.2%	4.7%	4.5%
高校生男子	10.2%	7.9%	11.5%	14.4%	26.5%	26.6%	14.6%	13.6%
高校生女子	5.5%	8.8%	8.7%	15.7%	23.7%	30.3%	22.5%	19.3%
大学生男子	23.1%	32.6%	46.5%	57.3%	62.5%	63.0%	53.7%	47.0%
大学生女子	11.0%	18.5%	26.1%	43.4%	50.5%	62.2%	46.0%	36.7%

（出所）日本性教育協会「青少年の性行動——わが国の中学生・高校生・大学生に関する第8回調査報告」（2018年）

もすでに性交体験者がいるのが現状で、事前教育としての性教育の必要性はいっそう明らかとなっています。『国際セクシュアリティ教育ガイダンス』では、レベル2（9～12歳）で「基本的な避妊方法」（基本的構想4．人間の発達）を学び、「妊娠と避妊の主な特徴」（基本的構想6．性と生殖に関する健康）の中で扱われています。すでに国際的には子ども・青年の性意識・性行動に即して学習目標が設定されているのが実際です。

　子どもと時代の事実・現実・真実から出発する性教育がいま求められているのです。

（浅井春夫）

Q2 中高生・10代の人工妊娠中絶、出産、性感染症の現状は？

若者たちの性行動は二極化しています。草食化・絶食化と揶揄《やゆ》される若者がいるかと思えば、性行動が活発な若者がいます。「パートナーとのコミュニケーションを重視し、仮に性交が行われるのであれば、女性が主体的にとりくめる避妊法を最優先し、性感染症予防にはコンドームを」とくり返し強調するものの、かれらに響いているとはいえません。人工妊娠中絶、出産、性感染症の統計データを経年的に追跡すると、いずれも減少傾向が認められます。しかし、これは若者たちの性行動の停滞、消極性の結果であって、「性教育の成果」とはいえません。このような若者の性事情を踏まえて、以下、提示するデータを読み解くことが必要です。

人工妊娠中絶

避妊実行率が低く、その上、避妊を男性任せにしているわが国の長年にわたる避妊行動が変わらない限り、妊娠は当然の結果として起こります。しかも、「若い」という理由だけで産むことに厳しいわが国の場合、人工妊娠中絶を選択せざるをえないのが実情です。

直近２０１６年度の衛生行政報告例によれば、人工妊娠中絶届出数は16万８０１５件で過去最低を記録しています。1955年には117万件の中絶が届け出られていたことを鑑みると、まさに隔世の感があります。また、20歳未満は1万4666件、15歳から19歳の女子人口千対の中絶実施率も5・0となっています（**図1**）。

20歳未満の出生数と人工妊娠中絶数を1歳階級別に見ていますが、15歳未満でも46件の出生、220件の中絶があり、中絶割合は82・7%と高率です（**表1**）。しかも、13歳未満の中絶が12名、うち1名は暴行脅迫によるものだとの記録があります。出産についても、14歳以下の1名は第2子、15歳の3名は第2子出産となっています。このような現実を前にして、中学生に性交・避妊を教えることは時期尚早といえる根拠はどこにあるのでしょうか。

母体保護法指定医が有する優れた技術によって、わが国の人工妊娠中絶手術は安心、安全に執り行うことができますが、中絶する当事者に対するメンタルサポートが十分とはいえません。筆者らは全国の16歳から49歳の男女3000人を対象として、「最初の人工妊娠中絶手術を受ける時の気持ち」を聞いていますが、16年に実施した調査結果では、「胎児に対して申し訳ない気持ち」が6割近くで常にトップを占めており、「人生において必要な選択である」「自分を責める気持ち」が続いています（**表2**、27ページ）。リプロダクティブ・ヘルス／ライツ（性と生殖に関する健康と権利）として中絶をとらえるならば、「人生において必要な選択である」との回答が増えることが期待されますが、それを定着させるには、中絶は女性の「権利（Rights＝正しいこと）」であるという考え方が浸透し、その上で、当事者に寄り添ったサポートが求められることになります。

図１　15 ～ 19 歳の女子人口千対の人工妊娠中絶実施率

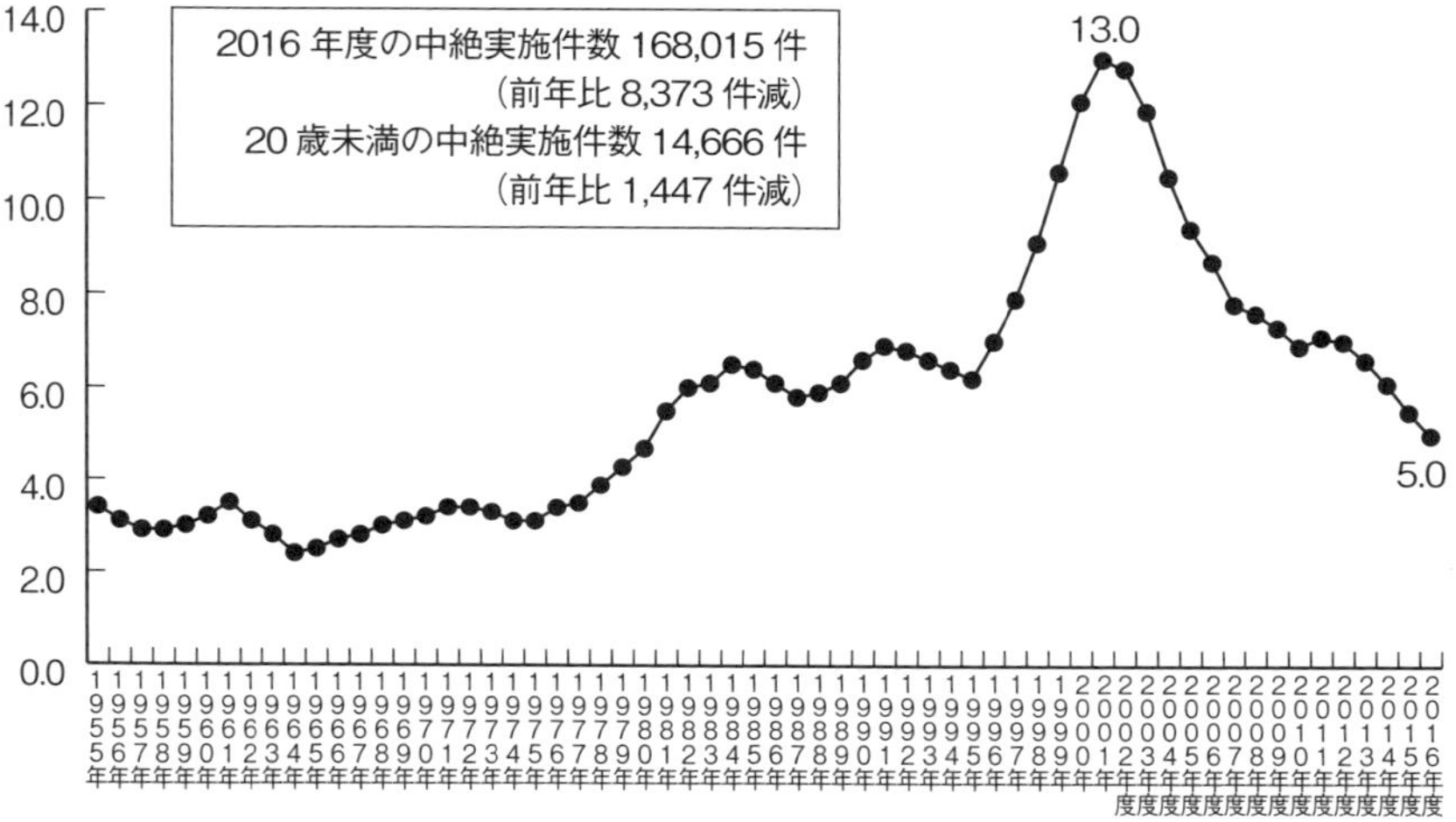

（注）2010 年度は、東日本大震災の影響により、福島県の相双保健福祉事務所管轄内の市町村が含まれていない。
（出所）厚生労働省「平成 28 年度衛生行政報告例」

表１　年齢別、出生数、中絶数、妊娠数中の中絶割合

年齢	出生数（A）	中絶数（B）	中絶割合 B ／（A+B）%
～ 14 歳	46	220	82.7
15 歳	143	619	81.2
16 歳	570	1,452	71.8
17 歳	1,437	2,517	63.7
18 歳	2,897	3,747	56.4
19 歳	6,002	6,111	50.4
20 歳未満	11,095	14,666	56.9
20 ～ 24 歳	82,169	38,561	31.9
全年齢	976,978	168,015	14.7

13 歳未満中絶　12 名
内、１名は暴行脅迫

14 歳以下：１名は第２子出産
15 歳：３名は第２子出産
16 歳：12 名は第２子出産
17 歳：74 名が第２子、４名が第３子出産

（出所）厚生労働省「平成 28 年人口動態調査」「平成 28 年度衛生行政報告例」より作成

産めない国、日本

人口動態統計によると、16年の出生総数は97万６９７８人で、史上初めて１００万人を割り、一人の女性が生涯産む子どもの平均数である合計特殊出生率は１・44と報告されています。人口が増えることも減ることもない人口の置き換え水準は２・07ですので、わが国の人口が減少の一途をたどっていることはいうまでもありません。20歳未満についても同様な現象が起きています。１９５０年には出生数が５万６３６５人（14歳以下49人、15〜19歳５万６３１６人）でしたが、16年には１万１０９５人（14歳以下46人、15〜19歳１万１０４９人）で減少傾向が続いています（**図２**）。

一方、15〜19歳の女子が妊娠した場合に、どの程度が中絶・出産に至るかという興味深い国際比較データがあります。調査結果から主な国々を羅列しますと、**図３**（28ページ）のように、わが国の妊娠率・中絶率はスイス、ドイツ、香港に次いで低く、出産率については低い順にスイス、香港、日本となっています。わが国の中絶割合は妊娠数中53％と比較的高く、産めない国であることが一目瞭然です。

性感染症、中でも女子の梅毒の急増が深刻

性器クラミジア感染症に罹患《りかん》すると、女性では子宮頸管炎や骨盤内感染症などを併発し、時には卵管炎から不妊症の原因になることがあります。また、ＨＩＶに感染する危険性が３倍から４倍に増大するとの報告もあります。仮に妊婦が感染すると、生まれた子どもの封入

表２　最初の人工妊娠中絶を受ける時の気持ち（女性）

	2004年	2006年	2008年	2010年	2012年	2014年	2016年
該当数	145	110	122	135	102	81	70
胎児に対して申し訳ない気持ち	55.9	52.7	45.1	54.8	53.9	45.7	58.6
人生において必要な選択である	11.7	10.0	13.1	13.3	14.7	16.0	17.1
自分を責める気持ち	15.2	14.5	16.4	12.6	13.7	14.8	17.1
相手に対する怒り	0.7	1.8	2.5	3.0	1.0	6.2	2.9
自分の親に対して申し訳ない気持ち	0.7	1.8	2.5	2.2	2.0	3.7	1.4
相手に対して申し訳ない気持ち	0.0	0.0	0.8	0.7	0.0	3.7	1.4
これで解放されると思った	0.0	2.7	0.8	2.2	1.0	1.2	1.4
多くの女性がしているから構わない	0.0	0.0	0.0	0.0	1.0	0.0	0.0
覚えていない	2.1	0.9	2.5	1.5	2.0	2.5	0.0
この中にはない	13.7	17.4	16.3	9.7	4.9	6.2	0.0

（出所）日本家族計画協会「男女の生活と意識に関する調査」（2004 ～ 16 年）

図２　出生数の年次推移（1950 ～ 2016 年）

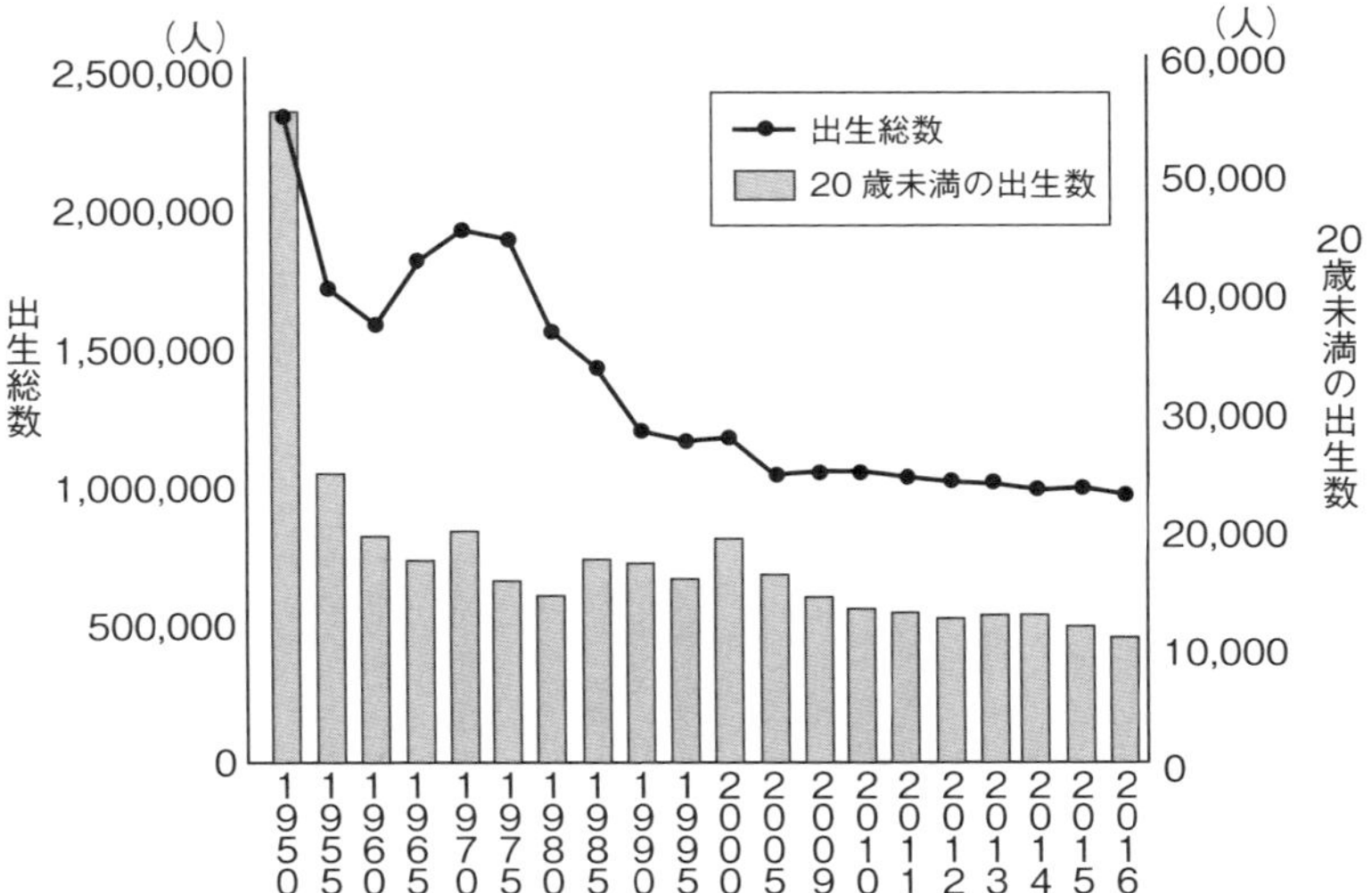

（出所）厚生労働省「平成 28 年人口動態調査」より作成

図３　15～19歳の女子人口千に対する妊娠、中絶、出産、妊娠数中の中絶割合の国際比較

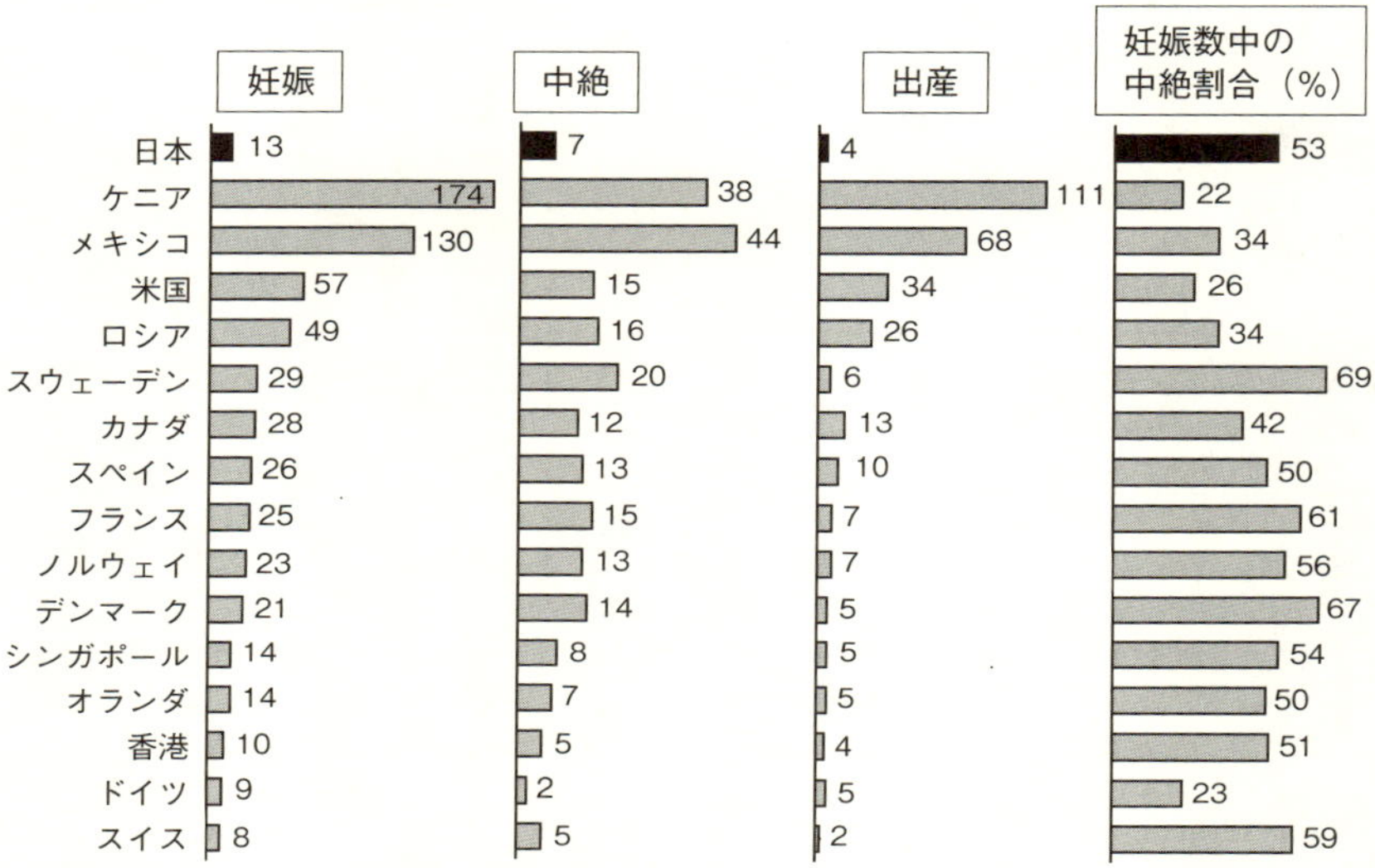

（出所）Gilda Sedgh, et al: Adolescent Pregnancy, Birth, and Abortion Rates Across Coutries: Levels and Recent Trends, Journal of ADOLESCENT HEALTH 56: 223-230, 2015 より北村作成

図４　性感染症定点報告数の年次推移（10～19歳、総数）

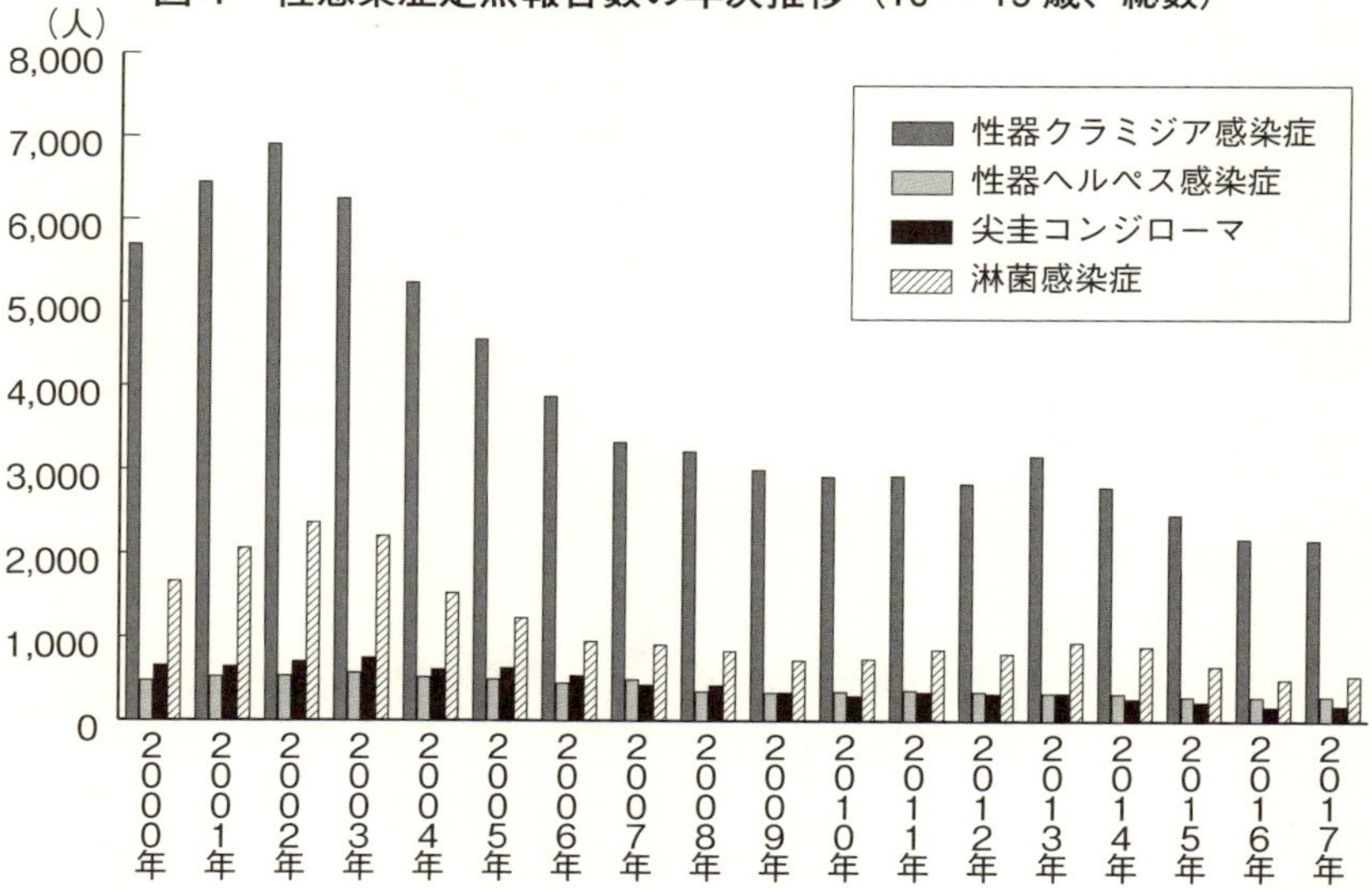

（注）2017年は暫定値
（出所）厚生労働省「性感染症報告数」より作成

体結膜炎や肺炎などが問題になります。性器クラミジア感染症や淋《りん》菌感染症が、最近では性器からだけでなく咽頭粘膜からも検出される頻度が高くなっています。オーラルセックス（口腔性交）の結果です。

性行動の多様化は、性感染症の感染経路にも大きく影響を及ぼしています。性器から性器、性器から口、口から口、口から性器という具合です。それもこれも、フェラチオと腟外射精などが主流であるアダルトサイト映像などから性交を学ぶ現代若者の姿を反映しているとはいえないでしょうか。

図4は、性感染症定点報告のうち、10～19歳の性器クラミジア感染症、性器ヘルペス感染症、尖圭《せんけい》コンジローマ、淋菌感染症の報告数をまとめたものです。全体的に減少傾向にあります。

その一方で深刻なのは梅毒が拡大していることです。17年には、その数は全国で５８２０件（男性３９２５件、女性１８９５件）となり、前年比１・３倍、10年前に比べると７・０倍に増えています。従来から梅毒はＨＩＶ／ＡＩＤＳ同様、男性間の性的接触が最大要因とされてきましたが、この5年間で男性の増加率が４・０倍であるにもかかわらず、女性は８・1倍となっています。しかも、若年女性でその傾向がいっそう強く認められています（**図5**、30ページ）。このような女性の梅毒急増の原因について、異性間の性的接触による口腔性交や肛門性交など性行動の多様化だけでなく、ＳＮＳ（ソーシャル・ネットワーク・サービス）などの普及によって、簡単に見ず知らずの男性と出会い、アルバイト感覚でセックスし、感染し

図５　梅毒全数報告数の年次推移（10 ～ 19 歳）

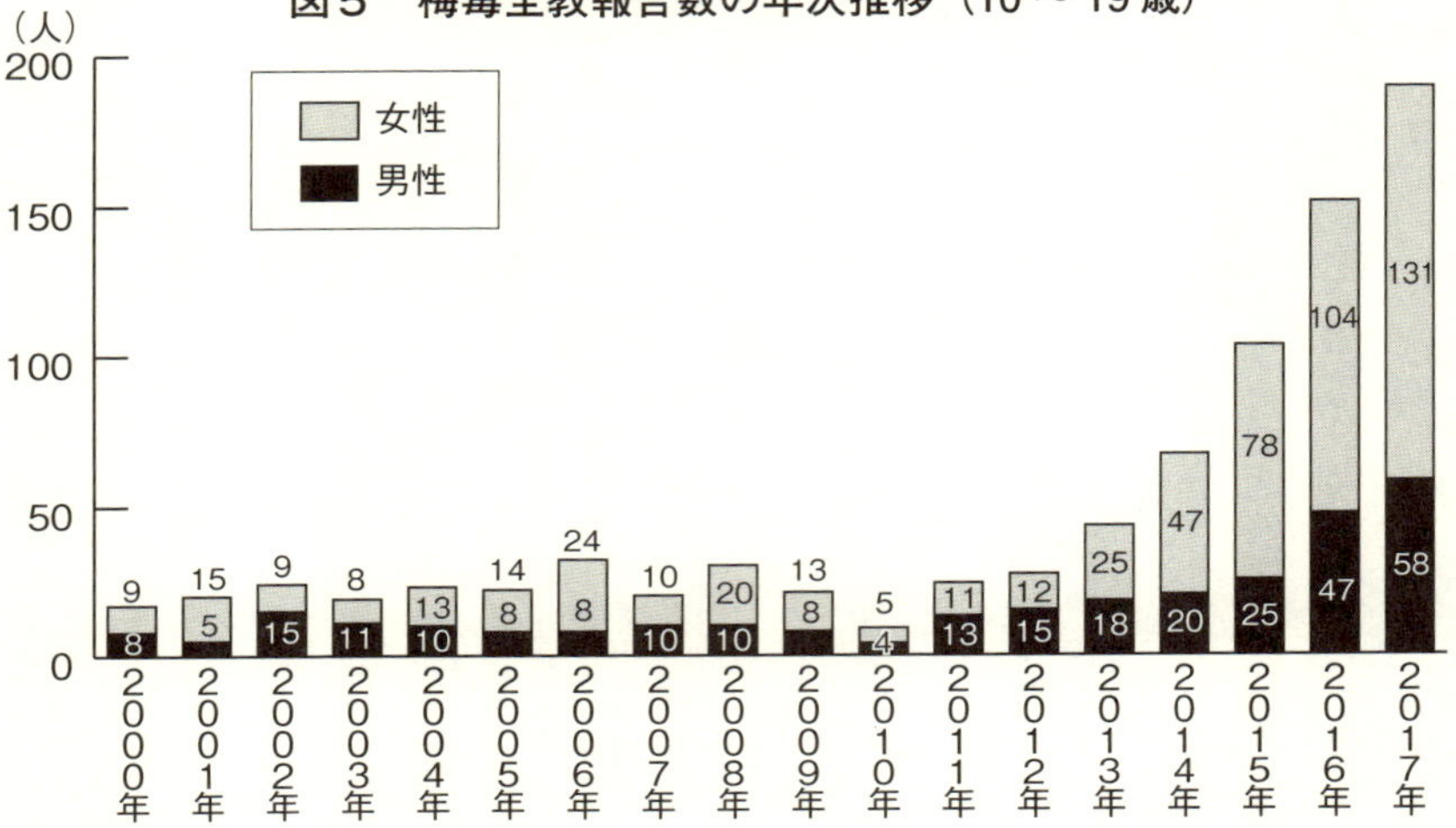

（注）2017 年は暫定値
（出所）厚生労働省「性感染症報告数」より作成

ているのではないかと分析する専門家もいます。

さらに危惧されるのは、梅毒に罹患した女性が妊娠・出産しているならば、小児の先天梅毒の増加につながらないのかという点です。

脅かされている若者の性

若者たちの性行動が停滞気味であるとはいえ、学校の性教育の不備が、計画していない妊娠、梅毒の急増などを招いています。インターネットやSNSに大きな影響を受けている若者の性意識・性行動。メディアリテラシー教育を含む科学的・具体的な性教育の必要性を強調せずにはおれません。

（北村邦夫）

Q3 性教育を積極的に進めると、子どもたちの性行動を活発にするというのは本当？

いわゆる「寝た子を起こす論」ですが、本当です。けれども、心配ご無用。活発になるのは、おそらく、あなたがイメージしているそれとは、だいぶ質の異なる性行動のはずです。それは、「性について思考する行動」「慎重に思考しての性行動」といえるでしょう。

教育学部の学生たちに性教育の履歴をふり返ってもらうと、圧倒的多数がじっくりと性を学んでこなかったことに自ら愕然《がくぜん》とします。けれども、こんな学生もいます。「私が、小・中学生の頃は、よく性に関する話題で友人と話したが、その中にも歪《ゆが》んだ情報が多くあった。中学校2年生の時に、先生方が性についてしっかり教えてくれたことや、小学校、高校の時の性教育を思い出し、あの時間があったから間違った情報に流されずここまで生きてこられたんだとこの授業で初めて感じた」。性教育は、慎重な性行動を導く可能性をもつのです。

では、「寝た子を起こす論」のような、後ろ向きで否定的な意見をどう受け止めればよいのでしょう。それは、大体「性は自然にわかる論」とセットになっています。こんなに歪んだ性情報があふれる時代。今や、スマートフォンをもつ小学生も珍しくはありません。幼児ですら、人差し指で器用に画面をめくります。この環境で、子どもたちが、こうした情報に惑わされず、正しい（科学的な）性の知識を自然に身につけているとすれば、奇跡的とさえいえるでしょう。性は自然にわかる、そんな楽天的な現実は存在しません。再び、学生の声。「大人たちは性についての話を避けていた。性についての話は友人から『〜らしいよ』と、根拠のない話を聞いて知っている気になっていた」「私には、正しい知識を知らずに妊娠してしまった友人、教わるのが遅すぎて自分の行動を後悔している友人が多くいて、その子たちの悲しい顔を見ると、『どうして』『なぜ』という学校への疑問が湧く」。性教育への消極的姿勢が生み出した悲劇、人災です。

性教育への消極姿勢の背景には、「性」自体が最もプライベートなテーマの一つであるという事情もありますが、教育という公的な場でさえ「性」を学びの対象にすえられないわが国の現状には、見過ごせない問題が存在します。例えば、①子どもたちの性的行動を分析的にとらえる教員自身の視点や力量の不足。②そうした行動に対して、どのような教育内容を準備しどのように伝えていくのかという専門的知識が足りないこと。③子どもの現実を見据え、性教育を推し進めようととりくむ教員の「後ろ盾」となるべき教育委員会や文部科学省の性教育への消極的・否定的姿勢や態度……等々。

人間は、ある日突然子どもから大人に変身するわけではありません。さまざまな学習や経験を積み、少しずつ大人になります。性行動も、そうして獲得される人間の能力の一つ。学びの中身と学び方がその質を決定します。今必要なのは、中途半端に不自然に目覚めてしまった子どもたちを、しっかり起こす性教育です。そして、私たち大人には、性の学びと語る力の獲得が必要。「寝ている大人」はそろそろ目を覚まさねばなりません。

（村末勇介）

Q4 性教育で「性交のハウツーを教えている」と反発する人にどう説明したらよい？

セクシュアリティは人間にとっての中心テーマであり、「性交」はその真ん中に位置するテーマです。「性交のハウツー」とは、具体的な方法論であり、それぞれの関係性のあり方で選択されます。パターン化されたスタイルについてとりあげ、「これをこうやってこうするんだ」等と語っているとでも思われているのでしょうか？　笑えませんが、笑ってしまいます。人間の思考の質は、その人の学びと育ちの中で獲得されたものの見方・考え方に影響されます。とりわけ、人権やその関係性が集約される性交を語ることは、その人がどんな人間であるのかを宣言していることになり、性教育に関する理解、セクシュアリティそのものの表明だといえるのです。

「私が中学生だった頃の、性に関する授業を改めて思い返してみると、『性』に関して考えることは『恥ずかしいこと』と捉えていて（興味はあったものの）、授業を真剣に受けていなかった。しかし、母との会話の中で性について考えること、学ぶことは恥ずかしいことではないし、ごく自然なことだよと教えてもらってからは、母に性に関する相談ができるようになった。学校でも、教員自身がきちんと性・子どもたちと向き合い、授業していくことが大切だ」。ある学生の言葉です。子どもたちの成長にとって、大人の姿勢・生き方が、どんなに重要か。母親の一言で、この学生の親子関係は大きく変化しました。私自身、年上の幼なじみから性交について突然教えられた時、驚いて父に確かめると「もう4年生だからね。そうだ」と答えられ、恥ずかしさより、存在を認められたうれしさを感じました。

性教育の中で、性交を語ることは、教育の中に性交というテーマを位置づけること。そのためには、性交で何が学べるのかを考えることが大切です。

子どもたちの意識が、まず性交へと向かうのは、生殖行為としてではなく、自分はいかにしてこの世に生まれたかという「誕生」に関する謎解き作業としてです。この第一段階が、歪《ゆが》んだ性情報に侵される前に、自然な形で学べるかどうかが、その後の性的発達の階段を安心して上れるかどうかを左右します。その意味で、幼児期の性教育は非常に重要です。それから、いのちを産み出す側の視点へと移り、「生殖」としての性交の意味を理解し、人間関係構築にとっての「ふれあい」や「快楽」が学習のテーマとなるでしょう。もちろん、その反対の暴力的なあり方、セクシュアル・ハラスメントの問題、売買春等についても、当然つながっていきます。さらに、忘れてはならないのは、性交のリスクについて。望まない妊娠や性感染症など、避妊、感染予防や自己の体のチェックといった健康へのまなざし、検査等、生きる力の獲得にとっては、欠くことのできないテーマとなります。

「性交」を真ん中にウェビング図(1)を描いていくと、生きていく上で重要ないくつものテーマとつながり広がっていきます。性交で学ぶべきテーマは、単なるハウツーにとどまりません。子どもとともに学び合う価値あるテーマなのです。

（村末勇介）

(1)　ウェビング図（ウェビングマップ）は、ある1つのキーワードから思いつく言葉を書き出し、次々とつなげる思考方法のこと。多面的にテーマを捉えたり、発想を広げたり、関連づけたり、まとめたりすることができます。中央にキーワードを1つ書き、そこから次々とつなげると、くもの巣（web）のように広がっていきます。

Q5 教育委員会の「学習指導要領を踏まえて」「学習指導要領からの逸脱」をどう考える？

２０１８年３月東京都議会文教委員会で、都内区立中学で３年生向けに行った性教育を都議が問題視し、都教育委員会が「不適切」としました（詳しくはQ10、11参照）。小中高いずれの学習指導要領でも扱いがない「性交」と高校で扱う「避妊」「人工妊娠中絶」を教えたことで、「性交を助長する可能性があり、発達段階にふさわしくない」というのが理由でした。このような形で教育行政が「逸脱」とか「踏まえて」ということで教育内容に介入してくることがあります。

しかし、これはまったく現実を踏まえない時代遅れのお粗末な対応というほかありません。日本家族計画協会「第８回男女の生活と意識に関する調査」（２０１６年）で、「15歳までに知るべきだ」と考える人は、項目別に「性交」71・０％、避妊法73・６％、「人工妊娠中絶」62・７％といずれも過半数を上回っています。

世界的にも『国際セクシュアリティ教育ガイダンス』に沿う形で、15歳までにそれらを具体的に教えています。また『ガイダンス』によると、確かな性教育が性行為をより慎重にすることを科学的に証明しています。学習指導要領自体が現実の「発達段階にふさわしくない」状況にあり、改訂が必要とされているのです。

そもそも日本国憲法では、「教育を受ける権利」（26条）が保障されています。すなわち、教育の権利主体は受ける子どもたちで、その発達と幸福追求を保障するために行われるべきものです。親や学校のためでも、ましてや国や教育行政のためでもありません。

現憲法下の１９４７年に制定された教育基本法10条では、戦前戦中の反省から、「教育は、不当な支配に服することなく、国民全体に対し直接に責任を負って行われるべきものである」と定められ、「教育行政は、諸条件の整備確立を目標」とすることに限定していました。制限的ですが、06年改定の現行の教育基本法にも「不当な支配」の排除は入っています。

教育基本法と同年に戦後はじめて出された学習指導要領は、戦時教育の反省から現場・児童中心主義が貫かれ、その中に「これまでとかく上の方からきめて与えられたことを、……こんどはむしろ下の方からみんなの力で、いろいろと、作りあげて行くようになって来たということである」（抜粋）と表されています。

今も学習指導要領の総則には「学校において特に必要がある場合には、学習指導要領に示していない内容を加えて指導することができる」とあります。これらのことから学習指導要領を理由とした行政の教育内容への介入は、違法な「不当な支配」に当たります。しかも中学でいうと、学習指導要領の保健体育1年生の「妊娠の経過は取り扱わないものとする」内容自体があいまいですし、これを学年や教科を超えて適応させることも拡大解釈で無理があります。本来教育行政は現場の創意工夫を支援するべき立場なのです。

（関口久志）

Q6 現行の学習指導要領では本当に中学生に性交、避妊、中絶を教えられないの？

行政側が「学習指導要領の範囲を超えている」と語ることがありますが、結論からいえば、中学生が性交、避妊、中絶に関わる学習をすることは、現行の学習指導要領のもとでも何ら問題がないばかりか、きわめて重要な学習課題だといえます。

まず、学習指導要領の位置づけについて確認しておきましょう。学習指導要領は、全国の子どもたちが「一定の水準の教育を受けられるようにするため」に定められている「各学校で教育課程（カリキュラム）を編成する際の基準」であると文科省は述べています。そして、これが「大まかな教育内容」であること、そして、各学校が「地域や学校の実態に応じて、教育課程を編成」することができ、「学校において特に必要がある場合には、学習指導要領に示していない内容を加えて指導することができる」と、その総則にはっきりと示されています。総則にはさらに、「その他特に必要な教科を選択教科として設けることができる」とあります。つまり、性教育の授業も設けることが可能なのです。

そもそも、教育委員会を含む行政側が、学習指導要領を理由に教育内容について意見することは、学習指導要領について理解していないばかりか、教育行政の役割さえも理解していないことになります。その役割は、教育を支配・統制することではなく、教育の自律性を尊重しつつ、教育がその目的を達成できるように支援することです。教育委員会などの教育行政機関が、教育内容へ介入することは許されません。

中学生が性交、避妊、中絶に関わる学習をすることに何ら問題がないことについて、学習指導要領の内容にも照らし合わせてみましょう。というのも、中学校の保健体育にある「妊娠の経過は取り扱わない」という〝はどめ規定〟を理由に、「性交」を扱ってはいけないという「解釈」があるからです。そもそも「性交」が「妊娠の経過」なのかどうかも不明です。百歩ゆずってこの〝はどめ規定〟に抵触するとしても、これは保健体育の内容ですから、人権教育や総合的な学習の時間、道徳、特別活動などでいくらでも教えることが可能です。実際、中学校学習指導要領第5章の特別活動の内容には、「性的な発達への対応」があげられており、指導計画の作成にあたっては、「学校の創意工夫を生かす」とあります。

いずれにしても、中学生に、性交、避妊、中絶に関わる内容を教えることに対する批判があるとすれば、それは、その教育の目的をまったく理解せず、「性交のしかた」を教えることと勘違いしているか、意図的にそのように喧伝《けんでん》しているかです。いうまでもなく、こうしたテーマを扱う目的は、子ども・若者たちが安全で健康的な行動を自ら選択できるようになるためです。インターネットを通して差別的で暴力的なフェイク情報があふれている今、目の前の子どもたちの生活実態と発達段階に誠実に応えようとすれば、当然、性交、避妊、中絶に関する正確な情報は不可欠です。子ども・若者たちがしあわせに、納得のいく人生を送るためにも、こうした学習課題は重要なのです。

（田代美江子）

Q 7 「学習指導要領を踏まえた」性教育だと性交、避妊、HIVをどう教えるの？

性に関する学習指導要領の記述は、保健体育や理科、道徳、特別活動、家庭科などで見られますが、ほとんどが断片的抑圧的で不十分です。

「性交」に関しては小中高とも具体的な扱いがありません。小学校5年理科では「生命・地球」の「動物の誕生」で「人は、母体内で成長して生まれること」と、人の誕生が出てきますが、「内容の取扱い」で「受精に至る過程は取り扱わないものとする」とされています。

中学保健体育科では「心身の機能の発達と心の健康」で「思春期には、内分泌の働きによって生殖にかかわる機能が成熟すること。また、成熟に伴う変化に対応した適切な行動が必要となること」と生殖が出てきますが、「内容の取扱い」で「受精・妊娠までを取り扱うものとし、妊娠の経過は取り扱わないものとする」とされています。

高校保健体育では「生涯の各段階における健康」の「内容の取扱い」で、「思春期と健康、結婚生活と健康及び加齢と健康を取り扱うものとする。また、生殖に関する機能については、必要に応じ関連付けて扱う程度とする。責任感を涵養《かんよう》することや異性を尊重する態度が必要であること、及び性に関する情報等への適切な対処についても扱うよう配慮するものとする」という程度の記述です。ただ解説書で「結婚生活と健康」の項目において「健康な結婚生活について、心身の発達や健康状態など保健の立場から理解できるようにする。その際、受精、妊娠、出産とそれに伴う健康課題について理解できるようにするとともに、家族計画の意義や人工妊娠中絶の心身への影響などについても理解できるようにする」とされ避妊、中絶が入ってきます。

「性感染症」「HIV／エイズ」に関しては、小学5・6年保健で「病原体が主な要因となって起こる病気の予防には、病原体が体に入るのを防ぐことや病原体に対する体の抵抗力を高めることが必要であること」とされています。

中学3年保健では感染症の「内容の取扱い」で「後天性免疫不全症候群（エイズ）及び性感染症についても取り扱うものとする」とあり、解説書で「エイズ及び性感染症予防」の項目において「エイズ及び性感染症の増加傾向とその低年齢化が社会問題になっていることから、その疾病概念や感染経路について理解できるようにする。また、予防方法を身に付ける必要があることを理解できるようにする。例えば、エイズの病原体はヒト免疫不全ウイルス（HIV）であり、その主な感染経路は性的接触であることから、感染を予防するには性的接触をしないこと、コンドームを使うことなどが有効であることにも触れるようにする」とされています。

これらの性に関連する小中高の指導には「指導に当たっては、発達の段階を踏まえること、学校全体で共通理解を図ること、保護者の理解を得ることなどに配慮することが大切である」と特別な抑圧的配慮事項が求められています。

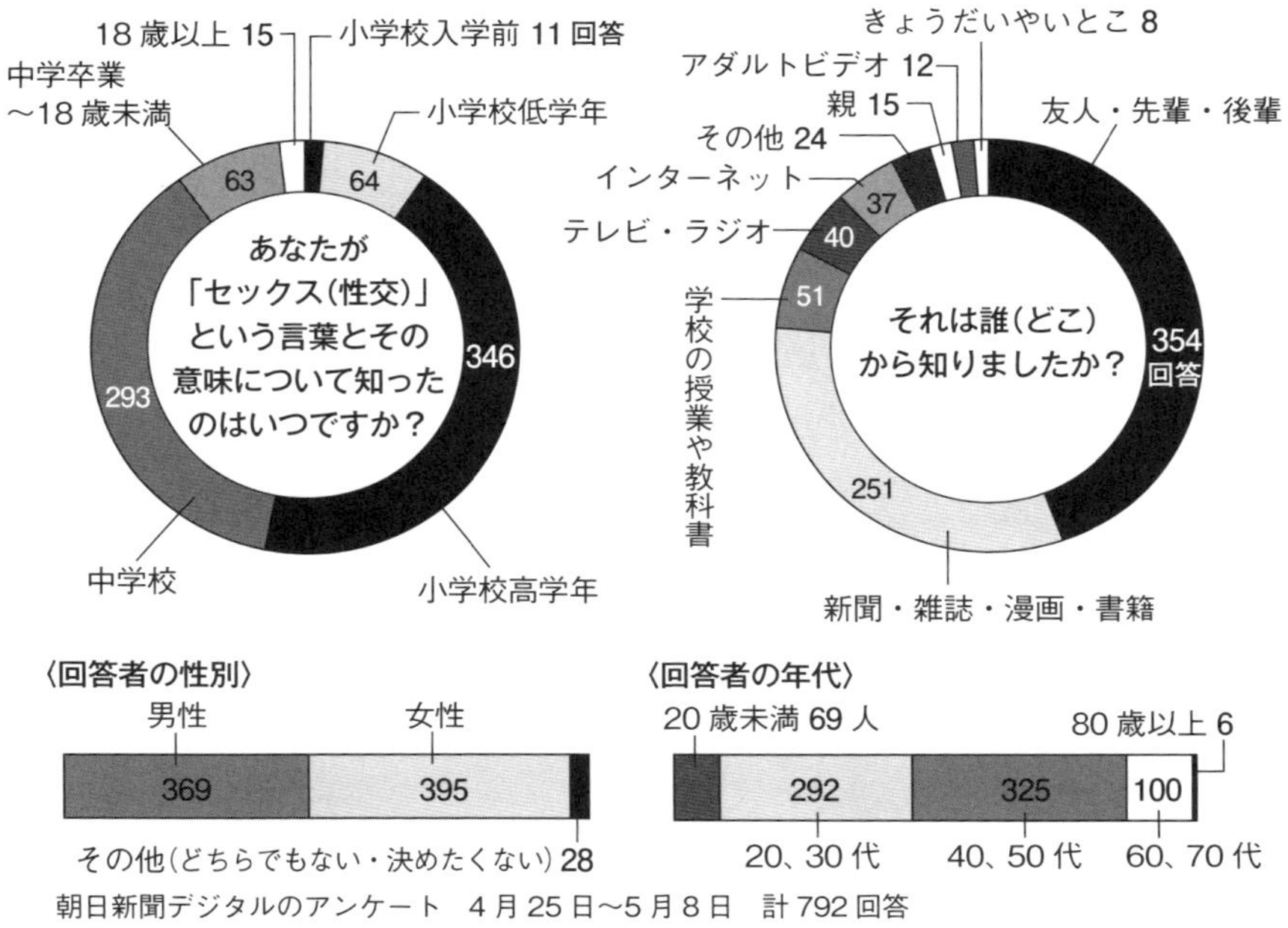

（出所）「朝日新聞デジタル」（2018 年 5 月 14 日）

これまで見てきたように、学習指導要領の記述は、現実とかけ離れて大きな矛盾を生んでいます。第1に、性交を知る時期と方法です。上の調査でも（**図**）、性交の意味を大多数（90％）が中学校までに知り、学校以外で知ったが93・6％です。友人やメディアの玉石混交の情報で覚えるしかない現実は悲劇といえるでしょう（**Q6**も参照）。

第2に、法と教育間の矛盾です。刑法では、「性行為に同意する能力がある」とみなされる年齢（性的同意年齢）は13歳とされて、ほとんどの中学生が1年次の誕生日に同年齢になります。性交の意味や予期せぬ妊娠や性感染症の危険性や予防法を学校で正確に学べずにどうしてこのような能力がつくのでしょう。

第3に、時期的な遅れです。15歳を超えると人工妊娠中絶の件数ははね上がるのです。厚生労働省平成28年度「衛生行政報告例の概要」によると、15歳未満は220件、15歳619件、16歳1452件、17歳2517件、18歳3747件、19歳6111件となっています。国立保健医療科学院統括研究官今井博久氏の調査によると、「クラミジア」の18〜19歳の女性陽性者13・4%、男性陽性者7%、高校生も女子13・1%、男子6・7%であり、同じ高校生でアメリカ3・9%、スウェーデン2・1%と比較してもかなり高い感染率でした。その結果から「高校生における性感染症の予防介入教育を高校2年生や3年生で実施しても時間的に遅く予防の効果が期待できず、その前の段階の高校1年生あるいは中学3年生で実施することがより一層効果的である」と警告しています。(1) 避妊や性感染症予防の知識は、中学生までに覚える必要性があるのです。

最後に、学習指導要領内の矛盾です。見てきたように、中学3年生でＨＩＶ感染予防に性的接触を避けることとコンドームの有効性があります。しかし具体的に性交を扱わずにどうしてそれらが説明できるでしょう。

以上、学習指導要領を行政が抑圧のために使っては違法ですが、それ自体が矛盾だらけ現実離れで見直しを必要としています。

（関口久志）

（1） 今井博久「若年者の性感染症の現状と予防」（日本性教育協会『現代性教育研究ジャーナル』16号、2012年7月15日）。

Q 8 性教育の実践が大バッシングされた七生養護学校の事件とは？

2003年7月2日の東京都議会で、ある議員が「最近の性教育は、口に出す、文字に書くことがはばかられるほど、内容が先鋭化している」と、都立七生《ななお》養護学校(1)の性教育自主教材「からだうた」を取り上げ問題にしました。これに対し、教育長は「不適切な教材」、都知事は「異常な信念を持った教員」と応じたのです。

7月4日、質問した都議が自民党都議2人、区議や市議、さらには産経新聞をともなって七生養護学校に「視察」と称して乗りこみました。都教委の指導主事も同行していました。「視察」団一行は、性教育のセンター的役割を担っていた保健室に入り、仕事をしていた養護教諭に性教育教材や資料教材を並べさせ詰問・恫喝を浴びせました(2)。産経新聞は翌日「過激性教育　都議ら視察」「まるでアダルトショップのよう」と、人形教材などの写真を載せて大きく報道したのです。

9日には、七生養護学校の全教員に職務命令が出され、教員1人に対し2人の指導主事による聞き取り調査なるものが行われました。この調査は、反論はもちろん質問や記録すら許さない一方的なものでした。さらに、前後して都教委は性教育教材にとどまらず、授業記録ビデオ、公簿類・学級だより・各種会議録等、ありとあらゆる資料を大量に「押収(3)」。さら

(1)　都立七生養護学校（現・七生特別支援学校）は東京日野市に位置し、知的障害のある小・中・高の子どもたちが通う学校です。地域からだけでなく、隣接している七生福祉園から通う子どもが半数いました。困難な成育史を抱える子どもが少なからずおり、不安な気持ちを性的な問題や暴力暴言という形であらわす子どもたちに、少しでも自分を好きになってほしいと「こころとからだの学習」にたどり着き、試行錯誤をしていました。その実践は、校長会主催の研修に何度も呼ばれるなど評価されていたのです。

(2)　都議たちは、人形教材の下腹部のみ服を脱がせ性器を露わにした状態で写真を撮り、通常の授業とは異なる扱いに呆然とする養護教諭に対し「感覚がマヒしている」「お前たちはどこの大学を出ているんだ」など、ひどい言葉を浴びせ続けました。同席した校長、副校長は黙って見ているだけでした。

に「都立盲・ろう・養護学校経営調査委員会」を設置して都内全学校に対し調査を開始し、結果を一方的に公表。9月11日、116名もの大量処分が行われました。このうち明確に「不適切な性教育」を理由として行われた処分は、七生養護学校で13名、他の養護学校を合わせると、21名の教員に対する「厳重注意」でした。七生養護学校の金崎満校長は、一般教員への降格処分(4)となりました。

攻撃、教育介入はこれでは終わりませんでした。性教育（こころとからだの学習）の指導計画は、一方的に変更させられ、授業前には管理職から細かいチェックが入るなど、授業を実施することが困難になっていきました。さらには、教員たちの分断という形で、学校を、授業を壊していきました。翌年3月には、全教員の3分の1にもあたる教員たちの大量異動があり、3年後には当時の教員はほとんどいなくなるという異常な状況になったのです。

この暴挙、攻撃に対して、七生養護の教員たちも黙っていたわけではありません。保護者・市民、教育研究団体などと連携をし、共同して反撃に立ち上がりました。多くの方たちの支援を受け、東京弁護士会に人権救済の申し立てを行い、２００５年5月には、保護者2名を含む31名が原告となり、東京都・都教委、３都議、産経新聞を被告として東京地裁に提訴したのです。これが七生養護学校「こころとからだの学習」裁判です。

七生養護学校で起きた教育介入事件は、その後の教育に多大な影響を及ぼしました。性教育が抑圧・統制されただけではなく、教育現場に自主規制や萎縮が広がり、子どもの実態に向き合い研究し創意工夫する教育の自由が奪われていったのです。

（日暮かをる）

（3）持ち去られた教材（普通に店頭に並べられている絵本も数多く含まれている）は、いまだに学校には戻らず、貴重な授業実践のビデオに至っては「行方不明である」と、都教委は平然と答えています。

（4）この処分に対し金崎元校長は独自に提訴、「金崎裁判」として闘いました。全面勝訴し、降格処分は取り消されています。

Q9 「こころとからだの学習」裁判では何が争われ、どういう判決だったの？

七生《なな お》養護学校の教員と保護者は、七生の教育を取り戻すため、裁判でたたかうことを決意しました。３人の都議、産経新聞社、都教委・東京都を被告として提訴した裁判は、地裁・高裁と勝訴し、最高裁が不服申立をしりぞけて確定しました。(1) 判決の内容を紹介します。

(1) 東京地裁平成21（２００９）年３月12日判決、東京高裁平成23（２０１１）年９月16日判決、最高裁第１小法廷平成25（２０１３）年11月28日決定（いずれも判例集未搭載）。

1　「視察」は「不当な支配」

都議たちが学校の保健室に来て教材や授業を非難し、「俺たちは国税」等といって恫喝した行動について、裁判所は、「侮辱」にあたる上、政治家が主義・信条にもとづいて性教育に介入・干渉したものであり、教育基本法が禁止する「不当な支配」にあたるとしました。

都教委についても、都議らを制止しなかったことは、「不当な支配」から教員を保護すべき職務上の義務（保護義務）に違反する行為としました。

2　七生の教材や授業

都教委は、七生の教育は学習指導要領や発達段階を踏まえない不適切なものといっていました（「都立盲・ろう・養護学校経営調査委員会 報告書」）。

しかし、裁判所は、「からだうた」など七生の教材や授業のいずれについても、学習指導要領に違反するとはいえないとはっきり述べました。高等部でコンドームの使用にふれることについても、都教委の『手引き』（平成15年）に避妊方法として言及され、「性交をする場合はコンドームを正しく着用・処理することが必要であることを理解させる」とされており、「装着方法を示さずに『正しく着用し、処理する』ことを指導すること」はできないと指摘しました。そして、七生の教育は、「学校全体として、教員全員が共通の理解の下に、生徒の実情を踏まえて、保護者等とも連携をしながら、指導内容を検討して、組織的、計画的に取り組んでいた」として、文科省、都教委の手引等が奨励する内容に適合した望ましいとりくみ方だったと評価しました。

3　教育の本質について

裁判所は、「性教育は、教授法に関する研究の歴史も浅く、創意工夫を重ねながら実践実例が蓄積されて教授法が発展していく」として、性教育実践が不適切として否定され、制裁がなされれば、当該教員や他の「教員を萎縮させ、創意工夫による実践実例の開発を躊躇《ちゅうちょ》させ、性教育の円滑な遂行が阻害されることになりかねない」とし、教育委員会の介入を厳しく戒めました。裁判官は七生の実践に共感し真価を理解して判決を下したのです。

4 教育の自由と学習指導要領

高裁は、「子供の教育が、教員と子供との間の直接の人格的接触を通じ、子供の個性に応じて弾力的に行われなければならず、そこに教員の自由な創意と工夫の余地が要請される」との最高裁学テ事件判決を引用して教育の自由を肯定し、学習指導要領は「法規」であるとしつつ、それは最小限度の基準であり、「大綱的基準の枠内で具体的にどのような教育を行うかという細目までは定められて」いない、「定められた内容・方法を超える教育をすることは、明確に禁じられていない限り許容される」と述べます（基準性）。指導要領の一言一句が法規としての効力を有するということは困難で、理念や方向性だけを示している部分、抽象的ないし多義的でさまざまな異なる解釈や多様な実践が成り立ちうる部分、指導の例をあげるにとどまる部分等は、法規たりえないか、具体的にどのような内容または方法の教育とするかについて、広い裁量が認められると述べました。

そして、性教育については、指導要領がどこまでのことを定めているか自体が多義的であり、教員に広い裁量が認められるとし、より早い時期に、より具体的（視覚的）に、より誇張して、くり返し教えることが『発達段階に応じた』教育であるという考え方も、十分に成り立ちうると述べ、さらに、健常な児童・生徒についても同様に考えることも可能であるとふみこみました。裁判所は、性教育が「寝た子を起こす」といった俗論や「発達段階」を理由に批判されがちなことを理解し、現場の教員の裁量がそのような議論で安易に制約されてはいけないと考えたのでしょう。判決を広め、生かすことが重要です。

（中川重徳）

Q10 都議会文教委員会で再び性教育の実践を標的にした質問・答弁とは？

2018年3月16日の都議会文教委員会で、七生《ななお》養護学校事件の被告であった古賀俊昭都議が都内のある中学校で行われていた性教育について質問で取り上げました。次のような内容です。

①足立区の○○中学校で人権教育、性に関する教育という授業が行われている。◆◆教諭、▲▲教諭という2人の方が担当している（筆者注：古賀都議は校名と担当者名をわざわざ名指ししました。脅迫的な効果をねらったものといわざるをえません）。

②私は不適切な性教育の指導がこの中学校で行われているのではないかと思う。まず、授業内容について把握しているところを説明願いたい。

この質問に入る前に、古賀都議は長い前置きをしました。その大部分は、七生養護学校の裁判（2005～13年）についての言い訳でした。古賀都議はその裁判で敗訴し、賠償金を支払った被告たち（3人の都議と都教委）の1人。都議と都教委による教育への不当な介入が認定され、かれらが敗訴したにもかかわらず、「99％は（自分たちが）勝っている裁判」などと虚偽の弁解を述べたのです。

古賀都議はこの他にも、「前置き」の中で事実にもとづかない発言をくり返しました。「私を訴えた人は大体共産党の方」とか、「性教協[1]という、過激性教育を熱心に推進する団体」などという発言がそれです。

古賀都議が最高裁決定を歪《ゆが》めたり、虚偽の内容を述べたりした時、都教委は法令遵守を旨とする行政として、その誤りをただす必要がありました。しかし都教委はそれをせず、古賀都議の質問に唯々諾々《いいだくだく》と答弁します。都教委も自らが断罪された七生裁判の判決を踏まえていないことは明らかでした。

都教育庁の宇田指導推進担当部長は「都教委では当該校の授業について、課題があると考えている」と答弁し、具体的な課題として、以下の3点をあげました。

①総合的な学習の時間における人権教育の学習とする根拠が不明確。教育課程上の位置づけに課題がある。
②学習指導要領にない性交や、高校で指導する避妊、人工妊娠中絶といった内容を取り上げ、中学生の発達段階に合わない内容、指導がされていた。
③必ずしも保護者の十分な理解を得ないまま授業が実施された。

この答弁に対して古賀都議は、「今後どのようにこれを是正していくのか」と質問しました。

（1）「一般社団法人“人間と性”教育研究協議会」の略称。

宇田氏の答弁。

①区教委と連携し、一連の授業の検証を徹底して行い、改めて課題を整理し、明確にする。
②当該校の管理職と全教員に教育課程上の課題、発達段階を踏まえた適正な授業のあり方、保護者の理解を得ることの重要性等について指導を進める。
③（全都各種会議で）本事例の経緯や問題点、改善の方策等について周知し、都内公立中学校全校において性に関する指導が適切に実施されるよう指導する。

都教委の答弁を是として、古賀都議は次のように質問を締めくくりました。
「先ほど是正をしていくというお話があったので、着実に新年度実施することをお願いして、私の質問を終わる」。

（水野哲夫）

Q 11 古賀質問で標的にされた性教育実践の内容と、生徒・保護者の受け止めは？

古賀俊昭都議が名指ししたこの中学校では、数年前から現場の教員たちと大学の研究者たちとで「性に関する学習」づくりにとりくんできました。

人権教育の一環として位置づけられ、総合的な学習の時間や道徳の時間などを使い、3年間で計7時間実施されています。3年間の配置は次のとおりです。

○1年生「生命誕生」「女らしさ・男らしさを考える」
○2年生「多様な性（2回）」
○3年生「自分の性行動を考える」～避妊と中絶～「恋愛とデートDV（2回）」

以上、計7時間です。なお、保健体育の授業でも「月経」「射精」「性感染症」「エイズ」などについて学ぶことになっています。

今回問題にされた授業は「自分の性行動を考える～避妊と中絶～」（2018年3月5日実施）です。保健体育科の教員と養護教諭のティームティーチング（T・T）で行われた授業です（以下、ゴシック部分は授業指導案からの抜粋）。

（1）単元名　「自分の性行動を考える」～避妊と中絶～

（2）単元の目標（略）

（3）単元設定の理由

（略）10代の妊娠、出産の率が他区に比べ、非常に高く、まさに貧困と隣り合わせである。高校へ行ってもやめてしまう生徒が多い。「避妊・中絶」についてのアンケートを見ると、知識の乏しさが歴然としている。最後の砦《とりで》となる中学校で卒業をひかえ、確実に大人に近づいていく生徒に性の安全を保障するための授業を行うことは学校教育として当然の義務である。

（5）人権教育の視点

（略）望まない妊娠をしないために、どのような行動が必要か、女性のからだを守るためには女性自身だけでなく、パートナーのからだと心を大切にできる行動が求められる。知識を得ることの大切さとともに、互いに助け合い、尊重し合う姿勢を育てる。

（6）本授業の具体的なねらい

①パネルディスカッションを通して、中高生の性的接触に伴うリスクを自分たちの問題として捉える。
②避妊と中絶についての正しい知識を獲得する。
③性のリスクを避け、安全な性行動を選択する力を培う。

紙数の関係で、具体的な展開はごくかいつまんで紹介します。

「パネルディスカッション」はパネリストとして男女各2〜3名に前に出てもらい、「高校生の性交は許されるか」「もし、高校生で妊娠したらどうするか」という2つの問いに対する自分の意見を述べてもらうものです。

「避妊と中絶」は、養護教諭が各種のデータをあげて説明し、正しい知識を獲得してもらいます。

「まとめ」として、10代の性交は大きなリスクを背負う可能性があること、自分の人生を考え思慮深い選択が求められていること、相手との関係性を対等平等で話し合えるものにしていく力をつけること、信用できる大人に相談できる力をつけること、「性の安全」について学び、安全な性行動を選択できるための知識や考えをもつことの必要性を伝えます。

こうした授業に対して、生徒たちはどう受け止めたのでしょうか。

授業の感想文5クラス分（氏名は削除）を読ませてもらうと、ほとんどの生徒が、この日の授業を自分に近い問題として真剣に受け止めていることがわかります。その特徴は、性行動に関して責任ある選択の必要性と性行動に対する慎重な姿勢です。「今日の授業を受けて、軽はずみな行動で性交渉をしてはいけないことを知ることができました。もし性交渉をするなら、ピルやコンドームをすることも改めて知ることができた」など。

この授業で「考えが変わった」と書いている生徒も多数いました。「するのなら育てられる環境と知識が大切と思った。中高生にはまだ早いと考えが変わった」など。

保護者の反応はどうでしょう。公開授業でしたが、保護者の参観はほとんどなかったそうです。保護者の反応が書かれた資料はありません。しかし、他の機会に接した保護者たちからは、「家では話せないような大事なことをきちんと教えてくれてありがたい」旨の、肯定的な意見が寄せられているとのことでした。

（水野哲夫）

Q12 文部科学省や自治体の性教育についての方針や政策とは？

性教育が具体的に実践されて子どもたちにどう届くのかは、①文部科学省・自治体（教育委員会）の性教育政策・方針、②学校の運営体制の中に性教育が位置づけられ条件整備されているかどうか、③性教育を具体化する実践者が存在し、できれば実践者集団が存在しているかどうか、④実践者が研究的実践と実践的研究を進めていること、さらに⑤保護者や地域の学校を支えるネットワークが形成されていること、などに関わります。

そうした総合的なとりくみが求められているのが性教育ですが、①文部科学省・自治体（教育委員会）の性教育政策・方針が、自由で創造的な実践を進める上で、不十分というにとどまらず、率直にいえば〝足かせ〟になっている現状が少なくありません。

スウェーデン性教育協会（１９３３年設立）が掲げる３つの「自由」とは、①選ぶ自由、②楽しむ自由、③自分自身の自由とされます。日本の性教育バッシングの状況について意見交換をしたときに、びっくりした表情で、「知識についてよく知るとよくないという科目はないです！　数学や英語でこれ以上は知らないほうがいいとは言わないですよね」と話され、なるほどと思ったものです。

「全国のどの地域で教育を受けても、一定の水準の教育を受けられるようにするため、文部科学省では、学校教育法等に基づき、各学校で教育課程（カリキュラム）を編成する際の基準を定めて」おり、これを学習指導要領といいます。学習指導要領では、「小学校、中学校、高等学校等ごとに、それぞれの教科等の目標や大まかな教育内容を定めています。各学校では、この『学習指導要領』や年間の標準授業時数等を踏まえ、地域や学校の実態に応じて、教育課程（カリキュラム）を編成しています」(1)。学習指導要領は、大綱であり、最低基準を定めたものですが、おかしなことに〝はどめ規定〟（これ以上は教えてはいけないという規定）が存在しています。

　小学校「理科」第5学年では「人は、母体内で成長して生まれること」を学習内容として位置づけながら、「人の授精に至る過程は取り扱わないものとする」(2)という〝はどめ規定〟を設けています。

　また中学校「保健体育」（保健分野）3内容の取扱いでは、「妊娠や出産が可能となるような成熟が始まるという観点から、受精・妊娠を取り扱うものとし、妊娠の経過は取り扱わないものとする」(3)と〝はどめ規定〟が記述されています。「妊娠の経過」とは何を指しているのかも明示されていませんが、「性交」受精に至る過程のことをいっていることはまちがいありません。「受精・妊娠を取り扱う」としながら、「妊娠の経過」は取り扱わないことができるのでしょうか。このような教育と学びのブラックボックスを意図的につくるのはなぜか、その教育的目的が明示されるべきです。

　『国際セクシュアリティ教育ガイダンス』では「4．人間の発達　2生殖」で、受精に至

（1）http://www.mext.go.jp/a_menu/shotou/new-cs/idea/1304372.htm

（2）文部科学省『小学校学習指導要領（平成29年告示）』（東洋館出版社、2018年）、105ページ。

（3）文部科学省『中学校学習指導要領（平成29年告示）解説 保健体育編』（東山書房、2018年）、227ページ。

る過程の説明は、レベル1（5〜8歳）で説明され、レベル2（9〜12歳）で妊娠、避妊が課題として明示されています。国際的なスタンダードからみれば、日本の学習指導要領の〝はどめ規定〟には特殊で偏見に満ちた性教育観が根底にあることも指摘しておきます。

また地方自治体の中でも最も課題の多いのが、東京都教育委員会の政策です。「指導内容や方法を十分説明し、（保護者）の理解・協力を得て指導計画を立案する」（『性教育の手引〜中学校編〜』２００４年3月）と「事前に学習指導案を保護者全員に説明し、……」（18年4月26日都教委文書[4]）では大きな溝があります。「指導内容や方法を十分説明」する努力規定から「保護者全員に説明」する義務規定を求めることで、そんな制約があるのであれば、現場では性教育に着手することを敬遠し委縮することが予想されます。

「学習指導要領を超える内容を指導する場合には、例えば、事前に学習指導案を保護者全員に説明し、保護者の理解・了解を得た生徒を対象に個別指導（複数同時指導も可）を実施することなどが考えられる」（4・26都教委文書）というのですが、個別指導の対象生徒をはじめからどう選択していくのか？　そもそも集団的に性教育を実施することによって、個別の課題も見えやすくなるのであって、まずクラス単位などで実践が行われることで課題が見えてくるのが現場の実際です。かりに個別指導を実施するとすれば、その内容に関しても保護者の「理解・了解」が必要になってくるのですが、なぜ性教育だけ特別な手立てをとるような指導をする必要があるのかは明確ではありません。

自治体における性教育政策・方針の見直しが必要になっています。

（浅井春夫）

（4）東京都教育委員会指導部「中学校等における性教育の対応について」（同第8回定例会、２０１８年4月26日）

Q 13

教育委員会が本来果たすべき役割とは？

教育委員会はもともと戦後改革の一環として導入された民主的な制度です。教育勅語によって天皇への忠誠を強いられ、中央集権的な教育体制が敷かれた戦前への反省にもとづき、戦後、教育基本法が制定され、地方自治を担う柱の一つとして、委員の公選制による教育委員会が設置されました。その後、委員の任命制や学習指導要領をめぐる問題、教育基本法の改悪など逆行する動きが目立ちますが、教育委員会が本来果たすべき役割とは、戦後改革の精神にもとづき、地域社会の実情に即して民主主義を深化させることです[(1)]。

民主主義に欠かせないのは人権意識の成長です。人権という考え方は主として17〜19世紀に、自由・平等および参政権を中心に整備されました。これらは、国家権力の介入を許さない「国家からの自由」や「国家への自由」と呼ばれる権利です。しかし、資本主義社会が進展し、貧困や児童労働などさまざまな弊害が出てくる中で、それだけでは不十分であることがわかってきました。そうした観点から20世紀になって提起されたのが「社会権」です。これは、生存・健康・文化的生活など、国家が保障すべき権利を指します。教育もこの「社会権」に属します[(2)]。

ここで重要なことは、国家が保障するからといって〝国家のいうことを聞け〟とか、〝教

(1)　戦後教育行政の経緯については、山住正己『日本教育小史――近・現代』（岩波新書、1987年）、佐藤隆「〈平和と民主主義のシンボル〉から〈学歴正統化装置〉としての学校へ」（大門正克ほか編『高度成長の時代1　復興と離陸』大月書店、2010年）などを参照。

(2)　阿久澤麻理子・金子匡良『人権ってなに？　Q&A』（解放出版社、2006年）、29〜30ページ。

育は統治の手段である〟といった話にはなりえないということです。それはちょうど、保護者だからといって、大人が子どもに〝黙って従え〟とはなりえないのと同じです。「子どもの権利条約」に、意見を表明する権利（12条）や集会・結社の自由（15条）があるのはそのためです。[3] 同じことは、生存権に関わる生活保護についてもいえます。生活を保護されるのだから〝文句をいうな〟といった主張は、生活保護バッシングによく見られますが、これは「社会権」についての根本的な無理解に発しています。

住民が政治的な意見を自由に表明できることは民主主義の前提です。〝いうことを聞け〟、〝黙って従え〟、〝文句をいうな〟という形でそうした意見表明を国家が押さえつけるとすれば、それは「国家からの自由」と「国家への自由」を侵害する政治的な介入になります。

いま私たちのまわりには、非人間的な競争原理や、性についての暴力的な情報があふれています。子どもたちに与えるその深刻な影響は地域によって異なり、けっして一律に対処できるものではありません。だから、教育は国家によって保障されると同時に、地域の実情に即して工夫される必要があるのです。教育委員会が本来果たすべき役割も、そうした地域社会を支えることにあります。

子どもたちを主人公にした教育を実現するため、〝黙れ〟といった圧力に抗し、教員・校長・学校・保護者・教育委員会が地域で連携し、助け合っていくことが求められます。[4]

（及川英二郎）

（3）「子どもの権利条約」は1989年に国連総会で採択され、90年に国際法として発効しました。日本は94年に批准しています。日本語訳した全文は外務省のホームページに掲載されています。https://www.mofa.go.jp/mofaj/gaiko/jido/zenbun.html

（4）地域社会のとりくみと課題については、佐藤隆「高度成長期における国民教育運動と恵那の教育」（前掲書『高度成長の時代1　復興と離陸』）、木戸口正宏「教育の『能力主義』的再編をめぐる『受容』と『抵抗』」（大門正克ほか編『高度成長の時代2　過熱と揺らぎ』大月書店、2010年）などを参照。

COLUMN

包括的性教育を学ぶ参考文献

- 橋本紀子・池谷壽夫・田代美江子編著『教科書にみる世界の性教育』（かもがわ出版、2018 年）
- ユネスコ編／浅井春夫・艮香織・田代美江子・渡辺大輔訳『国際セクシュアリティ教育ガイダンス――教育・福祉・医療・保健現場で活かすために』（明石書店、2017 年）
- 橋本紀子・田代美江子・関口久志編『ハタチまでに知っておきたい性のこと　第２版』（大月書店、2017 年）
- 関口久志『新版 性の“幸せ”ガイド――若者たちのリアルストーリー』（エイデル研究所、2017 年）
- 狛潤一・佐藤明子・水野哲夫・村瀬幸浩『ヒューマン・セクソロジー――生きていること、生きていくこと、もっと深く考えたい』（子どもの未来社、2016 年）
- 遠藤まめた『先生と親のための LGBT ガイド――もしあなたがカミングアウトされたなら』（合同出版、2016 年）
- アシュリー・マーデル／須川綾子訳『13 歳から知っておきたい LGBT ＋』（ダイヤモンド社、2017 年）
- 渡辺大輔監修『いろいろな性、いろいろな生きかた（全３巻）』（①『いろんな性ってなんだろう？』、②『ありのままでいられる社会』、③『だれもが楽しくすごせる学校』、ポプラ社、2016 年）
- 村瀬幸浩『男子の性教育――柔らかな関係づくりのために』（大修館書店、2014 年）
- 七生養護「ここから」裁判刊行委員会編『かがやけ性教育！――最高裁も認めた「こころとからだの学習」』（つなん出版、2014 年）
- 浅井春夫・安達倭雅子・北山ひと美・中野久恵・星野恵編著／勝部真規子絵『あっ！ そうなんだ！ 性と生――幼児・小学生そしておとなへ』（エイデル研究所、2014 年）
- 伊藤修毅編著『イラスト版 発達に遅れのある子どもと学ぶ性のはなし――子どもとマスターする性のしくみ・いのちの大切さ』（合同出版、2013 年）
- 人間と性をめぐる教育と文化の総合情報誌『季刊セクシュアリティ』（一般社団法人“人間と性”教育研究協議会企画編集、エイデル研究所発行）

II

国家はなぜ家族と性に強い関心をもつのだろう？

まず国と国家という言葉を少し整理しておきましょう。

私たちの間では、「国」という言葉の方がなじんでいますが、国は、領土に住む国民、そこでの文化・歴史・産業・社会等々の総合体として使用されています。国家は、その国の領土における政治組織等、国民の統治組織をいいます。さまざまな立場の利害を調整し、社会の秩序と維持をつかさどります。国会・内閣・裁判所、そして警察、国によっては軍隊がその中核の組織であり、全体的な権力を持つことになります。その権力は、議会を通して国民（市民）の意見が吸収されているからという理解がもとになっています。

統治する側（民主的な国家の場合はその権力を委ねている）からすると、当然のことながら、「人口維持」が最重要課題の一つであり、日本のような平和憲法をもたない国々ではさらに「兵力増強」が加わります。そこで国家は「生殖の性」、そして「優性」に強い関心を示すようになります。家庭科の教科書では、家族の機能として「子どもを産み育てる役割」が、高等学校の教科書では「あなたもいずれは結婚するだろう」と教科書検定で記述させられています。また、依然として残る非嫡出子への負も、「生殖の性」と「法律で認められた家族」が固く結びついていることを示しています。

私たちの間でも、結婚するカップルには、「子どもは何人ほしいですか」と尋ねることが祝福の言葉の代名詞のように使われています。

ここでは性の問題を、家族・家庭の問題状況から深めていくことにします。

（鶴田敦子）

Q14 障がいのある人の性や家族についてはどう考える？

現在日本では、「優生保護法」（１９４８〜96年）による強制不妊手術が社会問題になっています。２０１８年1月、知的障がいを理由に強制不妊手術を受けさせられた宮城県の60代の女性が、国に謝罪と補償を求めて、初めて国家賠償請求訴訟を起こしました。これをきっかけに、実態の解明や被害者の救済を求める声が高まっています。

強制不妊手術の背景には「優生学」の思想[1]があります。日本では１９４０年に、優秀な兵士を生むための「国民優生法」が成立しました。戦後は多くの引揚者や第一次ベビーブームによる人口急増への対策として、議員立法で旧優生保護法が制定されました。当初は遺伝性疾患や障がいがある人が対象で、医師が申請し、自治体の優生保護審査会の決定などを条件に不妊手術が行われました。その際、本人の同意は不要とされました。そして52年の法改正により、手術の対象が遺伝性でない精神障がいや知的障がいのある人にも広げられました。旧厚生省の統計では１９４８年から96年にかけて、全国で約2万5０００人の男女に不妊手術が行われ、そのうち約1万6５００人については、本人の同意がなかったとされています。[2]

戦後、新憲法が制定されながら是正されなかったのは、戦後復興のためには「国民の素質の向上」を図ることが必要であるという国の方針がありました。そこで当時の厚生省が強制

（1）「優生学」思想
１８８３年に英国の遺伝学者フランシス・ゴルトンが提唱。世代を重ねながら遺伝構造を改良し、人類の進歩を図るとしました。この思想は世界に広まり、１９０７年以降、アメリカやナチス・ドイツ、スウェーデンで優生思想にもとづく法律が制定され、強制的な不妊手術が行われました。

（2）「東京新聞」２０１８年4月20日付「旧優生保護法 不妊手術の実態調査へ」。

不妊手術の件数を増やそうと、都道府県に強く働きかけた記録が残っています。

しかし、障がい者差別にあたるなどの批判が国内外で起こり、旧優生保護法は96年に優生思想にもとづく部分を削除した「母体保護法」に改正されましたが、謝罪や賠償はないままでした。98年には、国連の国際人権委員会から補償措置が勧告されています。一方ドイツやスウェーデンでは国が謝罪し、救済措置に踏み切りました。

こうした障がいのある人々への国際的な人権意識の高まりの中で、「障害者権利条約」が２００６年の国連総会で採択されました。障がい者に関する法は、リハビリテーションや福祉の観点から考えられることが多いですが、障害者権利条約は国際人権法にもとづいて、人権の視点から考えて創られました。さらに「我々のことを我々抜きで勝手に決めるな」というスローガンを掲げたことが画期的であり、障がい者の視点から創られた条約であることも特徴的です。日本では、「障害者基本法」や「障害者差別解消法」の成立にともない、２０１４年１月20日に批准が承認されました。

その23条「家庭及び家族の尊重」に、障がいのある人が他の者と平等に、結婚や養子縁組を含めて家族を築く権利を保障し、障がいを理由とした断種から保護されることが記されています。(3)

人権を無視した日本の強制不妊手術は明らかに23条に違反しています。国連の勧告に沿った、過去にさかのぼっての謝罪と補償をすべきです。

（中川千文）

(3)「障害者権利条約」23条1項
締約国は他の者との平等を基礎として、婚姻、家族、親子関係及び個人的な関係に係る全ての事項に関し、障害者に対する差別を撤廃するための効果的かつ適当な措置をとる。この措置は次のことを確保することを目的とする。
(a) 婚姻をすることができる年齢の全ての障害者が、両当事者の自由かつ完全な合意に基づいて婚姻をし、かつ家族を形成する権利を認められること。
(b) 障害者が子の数及び出産の間隔を自由にかつ責任をもって決定する権利を認められ、また障害者が生殖及び家族計画について年齢に適した情報及び教育を享受する権利を認められること。さらに障害者がこれらの権利を行使するために必要な手段を提供されること。
(c) 障害者（児童を含む）が他の者との平等を基礎として生殖能力を保持すること。

Q15 最近は行政でも流行りの「婚活」「妊活」。性や出産についての行政の指針は？

行政では、男女共同参画基本計画の中でリプロダクティブ・ヘルス／ライツ（性と生殖に関する健康と権利）という考え方が採用されています。

リプロダクティブ・ヘルス／ライツとは、1994年にエジプトのカイロで開かれた国際人口開発会議で提唱され、95年に北京で開かれた第4回世界女性会議（北京会議）で採択されたものです。生殖年齢にある男女のみならず、思春期以降の誰もが、生涯にわたる性と生殖に関する健康が保障されるべきであり、子どもを持たない選択も含め、生殖に関して自己決定できる権利をさします。また具体的施策も示されています(1)。

性と生殖における権利は、かつて「女性の自己決定権」とされてきました。女性には妊娠・出産をコントロールできる権利があるということでした。しかしリプロダクティブ・ヘルス／ライツはすべてのカップルと個人を対象としており、男性にも「産ませる性」としての権利と自由があると同時に、「女性の権利を守る義務」と「子どもの権利を守る義務」も課せられるとしています。そして、男性が女性と子どもを守る義務を果たすためには、ワークライフ・バランスの推進や経済的・社会的・政治的支援体制の充実が欠かせないと指摘しています。

(1)　リプロダクティブ・ヘルス／ライツの具体的施策
　思春期保健、生殖年齢にあるカップルを対象とする家族計画と母子保健、人工妊娠中絶、妊産婦の健康、HIV／エイズを含む性感染症、不妊、ジェンダーに基づく暴力等を含む。また差別、強制暴力を受けることなく、生殖に関する決定（子どもの数や出産間隔等）を行える権利、健康な子どもを持てる最善の機会を得られるよう、適切なヘルスケア・サービスを利用できる権利が含まれる。

日本の男女共同参画基本計画は、女性は、特有の妊娠・出産・更年期疾患の可能性があるとして、「生涯を通じた女性の健康支援」に重点をおいています。その他、女性の就業等の増加や晩婚化、平均寿命の伸長等への対応、女性の健康づくりを支援するための医療従事者等のワークライフ・バランスの確保や就業継続・再就業支援、政策・方針決定への女性の参画拡大等を図るとしています。

しかし、日本のこの方針は女性に偏重しており、北京会議で提唱された「男性の性と生殖における権利と義務」の視点が弱く、性と生殖における男女の平等な関係の達成への積極性は薄いといわざるをえないものです。むしろ少子化対策として、女性の妊娠・出産を奨励する意図が感じられます。北京会議の精神に立ち返っての再検討を望むものです。

また当初の基本計画（00年）ではリプロダクティブ・ヘルス／ライツに関する意識を浸透させるための具体的施策として「学校における性教育の充実[2]」をあげていました。その中では、性に関する科学的知識や自ら考え判断する意思決定力を育てることを重視していたのです。しかし、第2次基本計画（05年）以降は、ジェンダー・バッシング派の圧力に屈して、性に関する教育の内容は大きく後退するものとなりました（Q16注5参照）。都議による性教育バッシングは、リプロダクティブ・ヘルス／ライツの理念から大きく逸脱するものといえるでしょう。

（中川千文）

（2）　学校における性教育の充実（基本計画、00年）
　学校においては、児童生徒の発達段階に応じた性に関する科学的知識や、生命尊重・人間尊重・男女平等等の精神に基づく異性観、自ら考え判断する意思決定の能力を身に付け、望ましい行動を取れるようにするため、学校教育活動全体を通じて性教育の充実に努める。また、そのため、教職員に対し研修会を実施するとともに、学校外の関係機関・地域社会や産婦人科医・助産婦・保健婦等との連携を図る。

Q16 文部科学省や自治体の性の多様性を認めるとりくみをどう考える？

２０１１年の国連人権理事会は、ＬＧＢＴへの差別的な法律や人権侵害を撤廃するための具体的な提案を含む内容の決議をしました[1]。ＬＧＢＴの人たちへの差別は日本でも多々ありますが、世界各国の状況について、国連事務総長潘基文氏（12年当時）は、「家族からも虐待され……殴打や性的暴行、拷問や殺人など、……およそ76か国において、同性愛が差別的な法律で犯罪と定められ、個人が逮捕や迫害、投獄され、さらに少なくとも5か国では死刑判決さえ受けかねない状況に置かれています」と述べ、差別撤廃のとりくみを急ぐ必要を訴えました[2]。

決議に賛成した日本は、「第４次男女共同参画基本計画」（15年）、「男女雇用機会均等法」改正（17年）で、ＬＧＢＴに対応させた内容をもりこみ、各地方自治体や企業も独自にとりくみを始めています。企業がこの課題にとりくむのは、経済のグローバル化への対応だけでなく、およそ人口の8％といわれるＬＧＢＴの人たち向けの市場の拡大や、ＬＧＢＴを差別しないことが職場の人間関係によい影響をもたらすというメリットがあるからともいわれます。

ところで、Gender ジェンダーという用語の使用を事実上認めない通達（08年2月、後述）

（1）この決議は賛成が23か国、反対が19か国、棄権が3か国という僅差でした。

（2）日本では、さかのぼること2003年に、「性同一性障害者の性別の取扱いの特例に関する法律」を施行していますが、この法律がこの国連の理念と重なるか否かは検討が必要です。この法律は、性別の変更に道をひらいたものと評価する意見と、事細かないろいろな要件を満たした場合に、家庭裁判所を経て戸籍上の性別を変更できるとしており批判的な意見も多くありました。要件は、同障害の人が20歳以上、結婚していない、未成年の子どもがいない、生殖腺を欠いている、生殖機能を欠いている等々です。

を出し、義務教育学校の教科書すべてにジェンダーを書かせない検定をしてきた文部科学省は、このとりくみには力を入れているかに見えます。学校における性同一性障害に係る対応に関する状況調査を行い（10年〜）、その結果を公表し（14年）、15年には「性的マイノリティ」の児童生徒全般に配慮を求める通知を、16年には教職員向けの手引書を（Q48参照）、17年にはいじめ防止法を改正し、ＬＧＢＴへの対応をもりこんでいます。しかし、新学習指導要領（小・中学校17年3月・高等学校18年3月各公示）には、ＬＧＢＴについてはまったく記載がなく、学校教育でとりくむ姿勢を見せていません。(3) この齟齬をどう解釈したらいいでしょうか。

ＬＧＢＴの問題は、異性愛のみを肯定し、身体的性と性的自認の不一致を異常として扱ってきた歴史的・社会的・文化的性のあり方＝ジェンダーのあり方を問い、性を「セックス（身体的性）、ジェンダー、性的自認、性的指向など性に関する事柄すべてを含むセクシュアリティ」として認識する事柄であって、ジェンダーの概念と切り離せるものではありません。

文科省が08年の通達を出したいきさつをふり返ってみると、１９９９年男女共同参画基本法が成立する一方で、この理念に反対する「日本会議」等が、勢力をもち始めたことと関係しています。「日本会議」等は、日本軍の「慰安婦」の否定と、夫婦別姓・男女共同参画・家庭科教科書・男女混合名簿・ジェンダー・フリーへのバッシングを強めていました。そして02年には、山谷えり子議員が、国会で性教育の小冊子『思春期のためのラブ&ボディ』（財団法人母子衛生協会発行）をとりあげて、性交を教えるものと批判し、全国の中学校からそれを回収するという暴挙が行われました。さらに、第2次男女共同参画基本計画（05年12月）

（3）高校教科書の一部（２０１７年度）には、「ＬＧＢＴ」という言葉が記載されています。

（4）「『ジェンダー・フリー』という用語を使用して、性差を否定したり、男らしさ、女らしさや男女の区別をなくして人間の中性化をめざすこと、また、家族やひな祭り等の伝統文化を否定することは、国民が求める男女共同参画社会とは異なる。例えば、児童生徒の発達段階を踏まえない行き過ぎた性教育、男女同室着替え、男女同室宿泊、男女混合騎馬戦等の事例は極めて非常識である」（「2．男女共同参画の視点に立った社会制度・慣行の見直し、意識の改革」）http://www.gender.go.jp/about_danjo/basic_plans/2nd/pdf/all.pdf

（5）第2次男女共同参画基本計画（05年）では「8．生涯を通じた女性の健康支援」に「適切な性教育の推進」、第3次基本計画（10年）では「第3分野　男性、子どもにとっての男女共同参画」に「発達の段階を踏まえた性に関する指

では、バッシング派の「ジェンダー・フリー」へのデマゴギーを鵜呑みにした文章を特別に付記し、(4) 文部科学省は内閣府と連携して、06年に各都道府県・政令指定都市教育委員会などに対し、「社会的性別」（ジェンダー）の視点の定義、および今後は「ジェンダーフリー」という用語を使用しないことが適切である旨の通達を出したというわけです。

これ以降、教育現場におけるジェンダー平等に関する教育は後退させられました。(5) このことは、教育基本法が謳《うた》う「教育は不当な支配に服することなく……」（10条）に反して、男女共同参画行政・文部科学行政の双方が、ある圧力に屈服した行動をとったことを意味します。(6) 加えて歴史的に見ると、ジェンダー平等をかかげた学習指導要領は、１９４７年のそれを除いて、男女共同参画基本法成立以降も一度もないことに留意する必要があります。

ＬＧＢＴに対する意識啓発が学校や全国のあらゆる場で行われることは、積極的に評価されるべき事柄です。しかし、現段階では、ＬＧＢＴに限定されていて、それ以外の性にも触れて、〝人間の性〟全体を見通した差別の問題ととらえる視点が不足しています。ＬＧＢＴの差別克服に必須な実際の婚姻制度や親子関係など法律や制度のあり方を検討する見通しも必要です（Q17参照）。今のところ、こうしたとりくみは、法務省からも見えてきません。ジェンダー・エクイティの視点で法律・制度・慣習等を変えていくジェンダー主流の方向性と結んでＬＧＢＴをとりあげる必要があります。ＬＧＢＴのみに対する意識啓発だけに終止するようであれば、この差別の解決は、遠い道のりになること必然です。

（鶴田敦子）

導の適切な実施」、「第10分野　生涯を通じた女性の健康支援」に「発達段階に応じた適切な性教育」とあり、いずれも「適切な」とたがをはめています。しかし、第4次基本計画（15年）では「性教育」の言葉が消えている一方で、「第6分野　生涯を通じた女性の健康支援」という不適切な位置ではあっても「総合的な教育・啓発」「性に関する正しい知識に基づいた教育」と述べており、科学的な性教育の方向を打ち出しています。

(6) 第2次男女共同参画基本計画に注4の文章がもりこまれる約10か月前の05年3月、自民党は安倍晋三幹事長（当時）を座長とする「過激な性教育・ジェンダーフリー性教育調査検討プロジェクトチーム」を発足させています。3500の実例が集まったと豪語しましたが、客観的なデータをまったく示すことなく、従来の見解をくり返しただけで終わりました。この調査は、前記文章を書かせるための装置であったのではないかという疑念がもたれていました。

Q17 憲法には家族についてどう書かれている？ 同性婚は認められないの？

日本国憲法では、家族に関する条項である24条に、次のように書かれています。

①婚姻は、両性の合意のみに基いて成立し、夫婦が同等の権利を有することを基本として、相互の協力により、維持されなければならない。②配偶者の選択、財産権、相続、住居の選定、離婚並びに婚姻及び家族に関するその他の事項に関しては、法律は、個人の尊厳と両性の本質的平等に立脚して、制定されなければならない。

このように、「家族生活における個人の尊厳と両性の平等」を謳《うた》っているのです。24条は、戦前の大日本帝国憲法による「家制度」のもとでの婚姻を否定するために作られたという経緯があります。戦前のような親による強制ではなく、２人の合意で、また、男性による女性支配ではなく、２人の協力に基礎をおく家庭生活へと、婚姻と家庭生活の民主化をめざした条項といえます。

この24条１項の「両性の合意のみ」という規定から、「同性婚」は認められないのではないかとの疑問が出されています。現在日本では、法的には「同性婚」は認められていません。

しかしこの問題に対しては、法曹界でも意見が分かれています。

同性婚を認める意見としては、24条は家族関係形成の自由と男女平等の理念を定めたものであり、2項ではっきりと「個人の尊厳」に立脚すると宣言しているので、同性婚であろうと異性婚であろうと、婚姻における2人の関係で「個人の尊厳」が実現されなければならないという考え方です。「両性」とは婚姻の当事者2人、結婚の意思のある個人のことであると解釈します。なお、民法にも「婚姻は異性カップルのみ」という条文はありません。

また、異性カップルのみに結婚を認め、同性カップルを認めないことは憲法の理念に反するという意見もあります。13条の「幸福追求権」、14条1項の「性別にもとづく差別の禁止」などが同性婚を支持していることを理由とする立場です。

それに対し、同性婚を認めない意見としては、24条1項に「夫婦」と明記され、この条項が「異性婚」を前提にしていることを理由とします。

世界に目を転じてみると、2001年のオランダをはじめ、現在50の国と地域が同性婚を認めています。15年にはアメリカのすべての州で同性婚が認められました。G7の中で同性婚を制度として認めていないのはイタリアと日本だけです。日本でも同性カップルに対して、「婚姻」とは認めないが、婚姻と同等の権利を与える「パートナーシップ制度」を渋谷区、世田谷区等、7自治体で認めています。世界では「性の多様化」とそれにともなう「婚姻の多様化」を認める流れとなっています。日本でも、人権を尊重する民主国家として、「同性婚」を婚姻として正式に認めることは当然ではないでしょうか。

（中川千文）

Q18 家族は社会の単位なので戸籍があるのは当たり前では？　世界の国々は違うの？

実は、ほとんどの国には日本のような戸籍簿はなく、個人簿が一般的です。戸籍制度のあった韓国も最近、個人簿に変更しました。

戸籍は日常生活では意識しないことが多く忘れがちです。ところが民法はじめ私たちの生活に関わる法律のおおもとがこの戸籍制度にあります。

日本で戸籍法が制定されたのは１８７１（明治４）年のことです。明治新政府が「臣民」を把握し統治するために、世帯や家族を「戸」単位に編成するもので、翌72（明治５）年に初の全国的戸籍がつくられました。その後、欽定憲法である大日本帝国憲法の発布（１８８９〈明治22〉年）を受けて、98（明治31）年に、戸主を中心とする「家」制度を定めた民法（旧民法）が施行されます。戸主は原則として男性であり、家族の構成員を統率する強力な権限が与えられました。そして、家督を相続するのは戸主（長男、子に男子がいない場合は長女の婿）でした。この民法（旧民法）施行に伴い、同年、戸籍法も大きく改正され、「家」の範囲を確定して公示する役割を負いました。一つの戸籍に記載された者が一つの「家」を構成することとされたのです。戸籍制度は民法（旧民法）の「家」制度とあいまって、欽定憲法下で、家族支配を行うシステムとして働くようになります。

例えば、「教育勅語」（1890〈明治23〉年発布）の下での学校教育（尋常小学校）では、「修身」の国定教科書であるべき家族の役割が扱われ、皇国民育成につながりました。[1] 家族の秩序を社会の秩序の手本とし、国家を維持するための家族像や家族関係のモデルを示して、国民の日常生活での行動様式を強力に方向づけました。家族制度が国民をしばる施策は第二次世界大戦に突入した時代にさらに顕著になります。それは1942（昭和17）年の「戦時家庭教育要項」[2]からも読みとれます。

さらにこの体制は、本人が遠隔地にいても戸籍の本籍地に赤紙（召集令状）を送りさえすれば、そこから徴兵することができました。第二次世界大戦での軍人戦死者230万人という犠牲者を生み出した背景の一つとして作用したのです。

現行の戸籍法は1947年12月に、戦前の「家」制度が解体された新憲法の下で改正されたものです。しかし必要最小限の改正にとどまったため、封建的な残滓《ざんし》が見られます。それが司法判断によって明確になっています。一つは、2013年に最高裁が違憲判決を下した、非嫡出子（婚外子）の遺産相続分を嫡出子の2分の1とする民法の規定と関わる戸籍法49条です。民法の同規定は削除されましたが、それに合わせて戸籍法49条の嫡出・非嫡出記載条項の削除が国会で議論されたものの、「子どもの権利の平等だけに目が行き、正妻の地位を脅かす」「家族制度が壊れる」と自民党が反発して、改定は見送られ現在に至っています。

2014年5月にNHK「クローズアップ現代」で「戸籍のない子どもたち」が放映されました。16年の法務省調査では、全国で702人の無戸籍者がいます。無戸籍の背景の主因

（1）初等科修身四「私たちの家」（1943年発行）、8ページ。
「私たちの家では、父は一家の長として仕事にはげみ、母は一家の主婦として父を助けて家事にあたり、ともに一家の繁栄をはかっています。
父母の前は祖父母、祖父母の前は曾祖父母と、私たちの家は、先祖の人々が代々守り続けて来たものであります。（中略）
私たちは、このように深い先祖の恩を受けて生活しているものです。したがってこの恩を感謝して、先祖をあがめ尊び、家の繁栄をはかることは、自然の人情であり、またわが国古来の美風であります」

（2）1942年「戦時家庭教育指導要項」
「祖孫一体ノ道ニ則ル家長中心ノ結合ニシテ人間生活ノ最モ自然ナル親子ノ関係ヲ根トスル家族生活」

は嫡出推定制度です。民法772条に、1項「妻が婚姻中に懐胎した子は、夫の子と推定」、2項「婚姻の成立の日から二百日を経過した後又は婚姻の解消若しくは取消しの日から三百日以内に生まれた子は、婚姻中に懐胎したものと推定」されるとあります。原則として「夫の子」として出生届を提出し、戸籍に登録されるのです。この時、「夫の子」であることに同意しない「妻」が出生届を提出できずに、結果、子どもが無戸籍になってしまうことが見られます。例えば、結婚が破綻または離婚後に新たなパートナーとの間に子どもができたけれども、300日以内に生まれてしまったという場合などです。無戸籍者は特例措置で救済されるケースを除き、住民票が作成されず、選挙権行使や国民健康保険に加入できない、婚姻届が出せない等の不利益が生じます（現在は行政上、便宜が図られています）。

また、民法750条（夫婦同姓）にもとづき、婚姻届は夫婦同姓でないと受理されないことも、戸籍法に関わっています。無戸籍も別姓も、個人簿なら解消できることです。(3)

韓国、台湾は、日本の植民地時代に、当時の日本の戸籍制度に組み込まれました。台湾では現在も使われる一方で、韓国では、ジェンダー平等をめざす多くの女性団体の長年のとりくみによって、2008年に廃止されました。

日本では、住民基本台帳（普及率2011年度3・5%、15年12月28日終了）やマイナンバー制度によって、行政が国民一人ひとりに関する情報を収集している一方で、戸籍制度に固執しているのが現実です。

（齊藤弘子）

(3) 民法767条によると、離婚により元の氏に戻るが、離婚の日から3か月以内に戸籍法の定めに従い届け出ると、離婚の際に称していた氏を称することができます。この場合、すでに離婚前の戸籍からは外されているので、戸籍法19条にもとづき、新戸籍を編成することになります。このような現状を見ても、戸籍の役割は戦前とは大きく異なり、戸籍制度を廃止してもなんら支障がないと考えます。

Q19 選択的夫婦別姓が実現しないのはどうして？

そもそも夫婦同氏[1]が日本で強制されるのは、いつ頃からでしょうか。すべての人が名字（氏）を使用するようになったのは、明治時代に入ってからのことです[2]。しかも明治９（１８７６）年には太政官指令で、妻の氏は「所生ノ氏」（＝実家の氏）を用いると、夫婦別氏が定められました。アジアの国々の多く、例えば中国、韓国、フィリピン、タイ等では、女性は結婚しても自己の姓を使用しています。日本でも古代や封建時代の貴族や武家の女性は婚姻により氏を変えることをしていません。１８７６年に妻の氏は「所生の氏」とされたことは、きわめて自然な流れだったのです。

それを大きく覆したのが、明治22（１８８９）年に発布された天皇主権の欽定憲法、大日本帝国憲法でした。明治31（１８９８）年、戸主を中心とした強固な「家」制度を導入した民法（旧民法）が成立し、夫婦同氏が強制され、妻は法律上「無能力者」となりました。

「家」制度は戦後、国民主権を原則とする日本国憲法の施行によって廃止されましたが、１９４７年の民法改正でも夫婦同氏の規定はそのまま残り、旧民法制定から１２０年以上経た現在も改められていません。２０１４年現在の妻の改氏は96・１％という状況です。国連女子差別撤廃委員会からは03年以降３度にわたり民法改正が勧告されています。

（1）別姓・同姓は、法律的には別氏・同氏といいます。

（2）平民の氏の使用が許可された明治３（１８７０）年の太政官布告からです。さらに明治８（１８７５）年には氏使用が義務化されました。その理由は兵籍調べの必要上、軍から要求されたことにあるということです（法務省ＨＰ「我が国における氏の制度の変遷」）。

内閣府「家族の法制に関する世論調査」では、選択的夫婦別姓の法律改正に42・5％（2017年）が賛成しています（**表**）。また「家族の一体感（きずな）」については、「家族の名字（姓）が違うと、家族の一体感が弱まると思う」は1996年46・5％、2017年31・5％、逆に「影響がない」は96年48・7、17年64・3％となっています。

実は夫婦同氏を定める「民法750条を変えるチャンス」がこれまでに2回ありました。1996年、法務省の法制審議会答申「民法の一部を改正する法律案要綱」では、「夫婦は、婚姻の際に……夫若しくは妻の氏を称し、又は各自の婚姻前の氏を称するものとする」、そして「夫婦は、婚姻の際に、夫又は妻の氏を子が称する氏として定めなければならないものとする」が法務大臣に提示されました。しかし、法務省は自民党等からの「夫婦の一体感を壊すもの」等の反対の力に押され、民法改正案を国会に上程しませんでした。

2回目のチャンスは、民主党政権時代の2010年、法務大臣が別姓導入の民法改正案を国会に提示しようとしましたが、閣内の意見が一致せず、断念しました。

こうした中で15年12月には、「家」制度の残滓《ざんし》といえる夫婦同氏（750条）と再婚禁止期間（733条1項）の民法の規定に対して、最高裁

	現在の法律を改める必要はない	法律を改めてもかまわない	夫婦は必ず同姓とすべきだが、通称をどこでも使えるように法律を改めることについては、かまわない	わからない
1996 年	39.8%	32.5%	22.5%	5.1%
2001 年	29.9%	42.1%	23.0%	5.0%
2006 年	35.0%	36.6%	25.1%	3.3%
2012 年	36.4%	35.5%	24.0%	4.1%
2017 年	29.3%	42.5%	24.4%	3.8%

（出所）内閣府「家族の法制に関する世論調査（平成 29 年）」「表 16- 参考 1 選択的夫婦別氏制度」より作成

が判決を出しました。女性の再婚禁止期間を離婚後6か月間とするのは違憲、夫婦同氏は合憲という異なる判断でした。とはいえ、夫婦同氏を合憲としたのは15人中10人の裁判官で、女性裁判官3人を含む5人が違憲と判断したことは非常に注目されます。

違憲と判断した女性裁判官3人が、「婚姻前から継続する社会生活を送る女性が増加するとともに」婚姻前の氏を使用する「合理性と必要性が増している」。「（氏がもつ）個人識別機能に対する支障、自己喪失感などの負担は、ほぼ妻について生じて」いて、「個人の尊厳と両性の本質的平等に立脚した制度とはいえない」。「現在では、夫婦となろうとする者のいずれかがこれらの不利益を受けることを避けるためにあえて法律上の婚姻をしないという選択をする者を生んでいる」。「夫婦が称する氏を選択しなければならないことは、……婚姻の自由を制約する」として憲法24条に違反するとの意見を述べたことは画期的です。また合憲と判断した多数意見も、選択的夫婦別姓の制度について「合理性がないと断ずるものではない」と述べて、国会での議論をうながしています。(3)

差別的取り扱いを禁止する憲法14条や、個人の尊厳と両性の本質的平等を定める憲法24条からすれば、選択的夫婦別姓はしごく当たり前のことです。

２０１８年には新たな訴訟が複数提起されています。(4) 解決に向けて、もっと世論を高めていくことが大事です。

（齊藤弘子）

（3）２０１５（平成27）年12月16日最高裁大法廷判決。http://www.courts.go.jp/app/files/hanrei_jp/546/085546_hanrei.pdf

（4）２０１５年最高裁判決の訴訟にとりくんできた「別姓訴訟を支える会」が２０１８年５月に新たな国家賠償訴訟を提起し、６月にはアメリカ在住の映画監督・想田和弘夫妻の婚姻関係確認等訴訟も加わりました。このほか、ソフトウェア開発会社社長の青野慶久氏らも東京地裁に提訴しています。

Q20 親子断絶防止法案とはなに？　ＤＶ防止法や児童虐待防止法とどういう関係？

この防止法案(1)は、親子断絶防止議員連盟等(2)が中心になってとりまとめたもので、２０１６年に概要が公表されています。基本理念の最初には「父母の離婚等の後も子が父母と親子としての継続的な関係を持つことについて……」とあり、「定期的な面会交流の安定的な実施」等にとりくむことが書かれています。この法案を推進する議員連盟会長の保岡興治氏は、「……家庭裁判所がどちらの親に親権を与えることが適切かを判断するにあたり、監護の継続性を重視していると言われています。つまり、子どもの現状を尊重し、特別な事情がない限り、現状の養育環境を継続したほうが良いという考え方です。この考えを悪用し、離婚後に単独親権を求める親が、子どもを連れ去るケースが頻発しているようです。こうした連れ去りを防ぐ法制の検討が必要です」と述べています。

離婚により母親が親権をもつことが多い日本の現状において、この法案は、離婚等で親権をもたなくなった父親側の要求を、さらに加えて、離婚等とあるように、ＤＶ防止法(3)や児童虐待防止法(4)の適用により、子どもと会うことを制限または拒否されている親側の要求を汲み上げたものといえます。先に見た保岡氏の「子どもを連れ去る」という文言に、尋常とは異なる離婚を感じさせること、さらに、この法案への批判がさまざまに出される中で、この法

(1)　親子断絶防止法案
正式には「父母の離婚等後における子と父母との継続的な関係の維持等の促進に関する法律案」。

(2)　２０１４年結成。２０１８年2月に「共同養育支援議員連盟」と改称。

(3)　ＤＶ防止法
「配偶者からの暴力の防止及び被害者の保護等に関する法律」（２００１年成立、14年最終改正）。10条〈保護命令〉に、被害者への○接近禁止命令、○電話等禁止命令、○同居の子の接近禁止命令、○親族等への接近禁止命令・退去命令が定められています。

(4)　児童虐待防止法
「児童虐待の防止等に関する法律」（２００２年成立、07年改正）。12条〈面会等の制限等〉に、○面会通信の制限、○接近禁止命令が定められています。

案自体が「児童虐待防止法およびDV防止法の趣旨に反することとならないように」と記述したことに、その証左を見ることができます。ただし、この一文が暴力防止へ効力をもつ保証はどこにもありません。逆に、この法案の賛成者が、DV防止法への批判を付随して行っていることを考えると、この法案の意図に対する疑念が湧いてきます。

離婚による親権の問題であるならば、他国には少ない、離婚による「単独親権」（民法819条、どちらかの一方の親に親権を定める）、そして、これも他国には少なく、事実上あいまいな形で進行する「協議離婚」（民法763条）を定める民法の検討に着手すべきであり、新たな別の法案を持ち出す必要のないことです。

親子断絶防止法全国連絡会(5)は、「それでも私たちの子への愛情は消えません。誰がどんなに消そうと試みても、子どもへの愛情は失いません。子どもには両親が必要です。（中略）子どもが両親の愛情を日常的に直接感じられること、頻繁かつ継続的な交流こそが子どもの利益ではないでしょうか？」と呼びかけています。しかし、自分が子や配偶者に愛情をもっていると自覚していることと、子や配偶者に暴力をふるうこととはまったく別の話です。それを理解しないことこそが、家族関係をこじらせてきたのではないかという認識が必要です。

親が2人いて同居している家族がベストだとは必ずしもいえないことを、多くの人が認識してきています。親密な家族関係が、時として愛憎関係にもなるという家族関係に関する客観的な学習、そして自己認識を高めていく学習が、学校教育・社会教育として十分に展開されるべきと考えます。

（鶴田敦子）

(5) 2018年2月に「親子断絶防止法全国連絡会」から「共同養育支援法全国連絡会」に名称変更。

Q21 家庭教育支援法案や家庭教育支援条例にはなにか問題があるの？

「家庭教育支援法案」（以下、法案）は、自民党・公明党が国会提出を準備している法案で、「家庭教育支援条例」（以下、条例）は、２０１２年12月に熊本県で初めて制定されて以降、全国に広がり、17年現在、８県５市で法案に先行して実施されている自治体の条例です(1)。

この法案・条例は名称でも「家庭教育」を「支援」すると謳《うた》っていますが、内容はどうなっているのでしょうか。

法案1条「目的」では、「家族の構成員の数が減少」「家族が共に過ごす時間が短くなった」「家庭と地域社会との関係が希薄」ゆえに法律が必要だと述べています。「苦しんでいる家庭を助けてくれるのでは？」と思ってしまいますが、そうではありません。

法案は、変化し、多様化している家庭の現状を見ることもなく、原因の分析もないまま、困難を招いたすべての責任は家庭にあり、その家庭を正すのだと、「家庭教育の規範」を押しつけようとしています。支援の中身は、「家庭生活」ではなく、「家庭教育」なのです。しかも家庭を支援するように「見せかけ」て、実は、家庭への介入・統制をねらっています。

法案には、政府と自治体が施策・規範をつくり、それに家庭が従うよう「命令」し、地域が協力すると述べられています。親の責任を強調し、地域で監視し合うように仕向ける手法

(1)「岐阜県家庭教育支援条例」（抜粋）
1条（目的）
　この条例は、……（中略）……子どもたちの健やかな成長に喜びを実感できる岐阜県の実現に寄与することを目的とする。2条（定義）
　この条例において「家庭教育」とは、保護者（親権を行う者、未成年後見人その他の者で、子どもを現に監護するものをいう。以下同じ。）がその子どもに対して行う次に掲げる事項等を教え、又は育むことをいう。
一　基本的な生活習慣
二　自立心
三　自制心
四　善悪の判断
五　挨拶及び礼儀
六　思いやり
七　命の大切さ
八　家族の大切さ
九　社会のルール
（2項以下略）
6条（保護者の役割）
　保護者は、基本理念にのっとり、子どもに愛情をもって接し、子どもの基本的な生活習慣の確立、自立心の育成及び心身の調和のとれ

などは、戦前戦中の「教育勅語」「戦時家庭教育指導要項」を想起しないではいられません。法案の隠された本当の目的は、「滅私奉公」で人権を蹂躙《じゅうりん》し、国のために命を捧げることを強要する社会を復活させることにあります。その行き着く先は、「戦争する国づくり」です。

法案1条「目的」には「教育基本法の精神にのっとり」、2条「基本理念」には「父母その他の保護者の第一義的責任において」との記述があり、2006年改正教育基本法を根拠にしていることが明記されていますが、それは安倍自公政権が望む性別役割分業にもとづいた「家庭教育」です。

法案を準備したのは、通称「親学推進議連」（正式名称「家庭教育支援国会議員連盟」）。2012年発足当時の会長は安倍晋三現首相、事務局長は下村博文元文科大臣で、「親学」(2)の提唱者は、高橋史朗氏です。「親学」は、子どもと教育のさまざまな問題の原因を「親がなっていないから」だとして、親を教育しようと考えています。法案には、この考え方が色濃く反映され、男女が結婚して子どもを産み、性別役割分業にもとづく家庭をあるべきモデルと想定していることは、各地の条例からも推定できます。各地の条例の内容がパターン化し、酷似していること、制定時に親学講座が開かれることなどから見ても、母親に子育ての責任を負わせる性別役割分業への回帰をねらった動きであることがわかります。

法案は、家庭を標的にしながら、学校も含めて国民全体にあるべき姿を押しつけ、縛り上げる「家族道徳」といえます。憲法改正と連動して、社会全体を「戦争する国」に変質させるものです。そのねらいを見破り、反対の声をあげる必要があります。

（知識明子）

た発達を図るとともに、自らが親として成長していくよう努めるものとする。

7条（祖父母の役割）
子どもの祖父母は、家庭の教育力の低下を補うため、保護者と協力しながら、家庭教育に積極的に協力するよう努めるものとする。

(2) 親学（おやがく）
戦前の教育を再評価する考え方のもと、家庭の子育て力が減退していることに警鐘を鳴らし、伝統的価値観にもとづいた子育てに回帰するために、まず親を教育しなければならないとして考え出されたもの。「赤ん坊には子守歌と母乳」「早寝早起き朝ごはん」などを提唱。「親学推進協会」という団体が結成され（2007年）、親学を広める活動が行われています。

Q 22

教育の第一義的責任を果たしていない家庭が増えていることが問題なのでは？

いま、家族・家庭はどうなっているでしょうか。長時間過密労働や低賃金で、時間的にも肉体的にも精神的にも追いつめられる親、深刻な経済的貧困に陥り、7人に1人が貧困状態にある子ども、家庭内暴力、引きこもりなど、家庭をめぐる問題はさまざまに起きています。大切なのは、これらの問題の背景にあるものを知ることです。

問題が生じる第一の原因は、国民に自助努力を求め、本来、政府がとりくむべき保育所建設など社会基盤の整備を大幅に削減していることです。

第二の原因は、「子どもの問題が起きるのは、親がなっていないからだ」とする言説をふりまわし、子育ては親の「自己責任」とあおり、あるべき家族像を一方的に上から押しつけてくることにあります。小中学校の「特別の教科 道徳」では、徳目に「家族愛・家庭生活の充実」を掲げ、幼児には「育ってほしい10の姿」を示すなど、管理教育の強化もその傾向を後押ししています。

２０１２年、自民党は憲法改正案を公表し、前文で「和を尊び、家族や社会全体が互いに助け合って国家を形成する」、24条で「家族は、社会の自然かつ基礎的な単位として、尊重される。家族は、互いに助け合わなければならない」と家族に言及し、国のために尽くす家族像、家庭内の自助努力に励み、社会保障を切り捨てられてもそれに甘んじる家族像を求めています。２００６年改正教育基本法の10条「家庭教育」で「父母その他の保護者は、子の教育について第一義的責任を有する」と述べたのも、同じ方向性を持っています。この家族像が問題の背景にあり、親の責任を追及する要因になっています。

子どもが健やかに育つためには、食事、睡眠などの他、安心できる場所、心許せるおとなの存在がどうしても必要です。子どもにとって最善の利益が保障されるような条件整備が整えられなければならないことは当然です。

しかし責任のすべてを親に求め、それを果たせない親は問題だと責めること、問題をもつ親を正そうとして規範に従わせることは、重大な誤りというべきです。

子どもの権利条約では、18条「親の第一義的養育責任に対する援助」で、「締約国は、（中略）児童の養育についての責任を遂行するにあたり、これらの者に対して適当な援助を与えるものとする」と述べ、政府の役割を明確に示しています。また、世界人権宣言12条では「何人も、自己の私事、家族、家庭若しくは通信に対して、ほしいままに干渉され、又は名誉及び信用に対して攻撃を受けることはない。人はすべて、このような干渉又は攻撃に対して法の保護を受ける権利を有する」と定めています。ここに答えが示されています。

主権者である国民の生き方を尊重し、社会基盤を整えれば、現在、家族・家庭が抱える困難の多くは解消し、経済的にも精神的にもゆとりをもって、安心して子育てができること必至です。

（知識明子）

Q 23 憲法24条の改正もめざしている自民党は、家族についてどう考えているの？

まず、自民党がなぜ憲法24条を改正したいのか、「日本国憲法改正草案Q＆A」から見ていきましょう。「Q19　家族に関する規定は、どのように変えたのですか？」の部分です[1]。

「家族は、社会の極めて重要な存在ですが、昨今、家族の絆が薄くなってきていると言われています。こうしたことに鑑みて、24条1項に家族の規定を新設し、『家族は、社会の自然かつ基礎的な単位として、尊重される。家族は、互いに助け合わなければならない』と規定しました。なお、前段については、世界人権宣言16条3項も参考にしました。

さらに党内論議では『親子の扶養義務についても明文の規定を置くべきである。』との意見もありましたが、それは基本的に法律事項であることや、『家族は、互いに助け合わなければならない』という規定を置いたことから、採用しませんでした。

（参考）世界人権宣言16条3項

家族は、社会の自然かつ基礎的な単位であり、社会及び国による保護を受ける権利を有する。」

（1）自由民主党憲法改正推進本部「日本国憲法改正草案Q＆A」2013年10月発行増補版。

このような理由にもとづいて、自民党が出した憲法24条の改正案は次の通りです。

（家族、婚姻等に関する基本原則）

第24条　家族は、社会の自然かつ基礎的な単位として、尊重される。家族は、互いに助け合わなければならない。（新設）

2　婚姻は、両性の合意（現行にある「のみ」削除）に基づいて成立し、夫婦が同等の権利を有することを基本として、相互の協力により、維持されなければならない。

3　（現行の「配偶者の選択」削除）家族、扶養、後見、婚姻および離婚、財産権、相続（現行の「住居の選定」削除）並びに親族に関するその他の事項に関しては、法律は、個人の尊厳と両性の本質的平等に立脚して、制定されなければならない。

この案は世界人権宣言（１９４８年）を参考にしたとのことですが、果たしてその趣旨を正しく継承しているでしょうか。

世界人権宣言には「すべての人間は、生まれながらにして自由であり、かつ尊厳と権利とについて平等である」（1条）とあり、これを前提にして「社会及び国による保護」（16条3項）も定められているのです。しかし自民党改正草案では、現行憲法13条の「個人として尊重」を「人として尊重」に変えたり、「公共の福祉に反しない限り」を「公益及び公の秩序に反しない限り」として基本的人権の制約を広げたりしていることを見逃すわけにはいきません。いわば、都合よく世界人権宣言にある文言「社会及び国による保護を受ける権利」を引用しているにすぎません。これを引用するならば、個人の尊重や基本的人権にしばりをかけないことが前提です。[2]

自民党が24条を変えようとするねらいはどこにあるでしょうか。

改正草案では「家族は、社会の自然かつ基礎的な単位として、尊重される。家族は、互いに助け合わなければならない」と、社会の単位を個ではなく家族という集団においています。これは、13条を「個人」から「人」としての尊重に変えようとすることと連動しています。

戦前の「家」制度がそうであったように、家族の構成員一人ひとりの尊厳は、家族という集団の中で踏みにじられました。**Q18**にあるように、家族の秩序は社会の秩序の手本として働き、国家は体制維持のための家族像をたえず提示し、国民をしばってきました。それを断ち切ったのは、１９４７年施行の日本国憲法です。

にもかかわらず、戦前と同じく個人を否定し、家族を前面に押し出しているのが自民党改正草案であり、日本をふたたび戦争ができる国にしようとして憲法9条の改正をねらっていることと一体の動きです。

24条改正案の2項以降を見ると、「両性の合意のみ」の「のみ」の削除、「配偶者の選択」「住居の選定」の削除は、個人の尊重を押しやり、家族のためにわがままをいわせないという強制につながりかねません。

２０１８年3月に高等学校新学習指導要領が告示されました。科目「公共」、家庭科科目「家庭基礎」「家庭総合」では、自助、共助、公助を学習内容とすると書かれています。社会

（2）日本会議系シンクタンク「日本政策研究センター」の小坂実氏は、憲法24条の改正について、3項として「家族保護条項」を記入すれば「24条の解釈が自ずと変わってこよう」と述べています（日本政策研究センター機関誌『明日への選択』２０１7年1月号）。憲法9条に「9条の2」として自衛隊等の規定を加えるのと同じ手法で、国民だましの手口といえます。

保障制度をあてにせず、家族や地域で互いに助け合うことを学ばせようというものです。

自民党の加藤寛治衆議院議員の「子どもは3人以上」発言もここにつながっていて、女性は仕事よりも子どもを産み育て、介護が必要な者がいれば介護に従事するのだ、というジェンダー・ロールを前面に押し出す意図が見えます。これは自民党議員を中心に議員立法として提出しようとしている「家庭教育支援法案」（Q21参照）のねらいにも通じます。

最後に、欧米では、家族をどのように扱っているのか、確認しておきましょう。

「ヨーロッパでの近代国家の登場は、私的世界（家庭、家族）と公的世界（国家とその審級）との分離の起源(3)」であると位置づけています。つまり、私生活の民主化は個人化、個人主義、とりわけ平等への権利であり、それを支えるのが公的諸制度、国家の役割としているのです。日本で再び、個人や家族が国家の駒として動かされるようなことにならないように、憲法9条も24条も変えさせないという私たちの意思が試されています。

（齊藤弘子）

(3) ジャック・コマイユ／丸山茂・高村学人訳『家族の政治社会学――ヨーロッパの個人化と社会』神奈川大学評論ブックレット20（御茶ノ水書房、2002年）、17ページ。

Q 24 「道徳」「公共」「家庭科」の新学習指導要領では、家族についてどう書かれている？

２０１７年3月に小中学校学習指導要領、18年3月に高等学校学習指導要領が改訂されました。（試案）が消えて、拘束力が問題となった１９５０年代以降の学習指導要領から数えると7回目の改訂になります。安倍政権下での改訂は2度目です。

17年度、18年度改訂の特徴は、06年に第1次安倍政権が改定した教育基本法2条（教育の目標）を、学校教育のすみずみまで具現化しようとしている点です。さらに18年度、19年度には教育課程を中途で変更し、小中学校に教科となった道徳を導入しました。

戦後の学習指導要領は、目の前の子どもの状況から出発するのが前提で、学習指導要領はあくまで（試案）にすぎず、完成させるのは実践する教員自身という位置づけでした。（試案）が取られて以降もなお、学習指導要領や「解説」には子どもの姿が書かれていました。

ところが今回の新学習指導要領には、子どもの姿を見つけることはできません。さらに「学習指導要領は大綱的基準」であるにもかかわらず、学習方法、評価方法、学校運営など微に入り細に入り設定するという、これまでとはまったく様相の違う内容になっています。

従来、高校には設定されなかった道徳が、科目「公共」で色濃く扱われます。現行教育課程から小中高すべての教科で道徳化が見られますが、「公共」でも強化されています。

小中学習指導要領には「道徳」で身につけさせるべき「内容項目」として、それぞれ22の徳目が明示され、教科書検定でもチェックされます。中学校では家族について、「C 主として集団や社会との関わりに関すること」の中の「家族愛、家庭生活の充実」の項で、「父母、祖父母を敬愛し、家族の一員としての自覚をもって充実した家庭生活を築くこと」とあります。「C」の項目には「郷土を愛する態度」「国を愛する態度」なども書かれています。

この間、小中学校家庭科教科書は改訂のたびに、地域の扱いが増え、ページ数が増えています。さらに今回の小中高の改訂で、家族・家庭の学習内容の比重が大きくなりました。中学校の項目「郷土の伝統と文化の尊重、郷土を愛する態度」にある「社会に尽くした先人や高齢者に尊敬の念を深め、地域社会の一員としての自覚をもって郷土を愛し、進んで郷土の発展に努めること」と項目「家族愛、家庭生活の充実」が、家庭科の学習内容に入りこんで、社会保障の肩代わりとして、地域や家族・家庭の役割を強調するねらいがあるように思われます。高校家庭科の必修科目「家庭基礎」「家庭総合」には「自助、共助、公助を扱う」とあり、科目「公共」にも同様の記述があることともつながっています。

本来、災害時の避難の合言葉であった〝自助、共助、公助〟が、「自己責任」を強調した社会福祉や社会保障のあり方として扱われることに、科学的視点は感じられません。

とはいえ一方で、小中高とも男女共学となった家庭科では、家族・家庭という集団の中の個ではなく、個人の自立や個人の尊重を重視した生活の学習が実践され、性別にかかわりない生活者の学びが始まっています。この火をけっして消してはなりません。(1)(2)

（齊藤弘子）

(1)　１９９３年度から中学校、94年度から高等学校と、現在40歳代前半までの人々は性別にかかわりなく必修の家庭科を学んでいます。日常の生活そのものを学ぶ家庭科学習を通して、個人の尊厳を大事にすることを認識するようになってきています。

(2)　男女がともに学ぶようになった家庭科、とりわけ高校家庭科に対してのジェンダーバッシングを日本会議等が行っています。日本会議系シンクタンクの日本政策研究センターの機関誌『明日への選択』（２０１７年６月号）では、同研究部長の小坂実氏が「これでいいのか!? 高校家庭科教科書」で「家族や結婚の意義を教えない教科書の実態」と書き、個を尊重する家庭科教科書の記述を批判し、「家族や結婚に対して敵意を育んでいる」と断定しています。

Q25 自民党政権や支持者たちが性教育や家庭科教育をバッシングするのはなぜ？

人間にとって「身体的性」は、自己を確認する最初の手がかりです。そして乳児・幼児生活で、服装や言葉や遊具など性別による扱われ方の違いを経験する中で、「文化的・社会的性」（ジェンダー）も学習していきます。やがて思春期になり、自分を見つめ自分の生き方を考える時に、自覚しているか否かにかかわらず、自分の性も勘案しています。このことは、人間にとって、性とは「自己認識の土台」であり、それを踏まえて「個人の確立」へ向かうものであるといえます。また「自己認識」があってはじめて「他者認識」に到達し、「個人の尊重」の意味を理解できる関係にあります。したがって、「性」と「個人の確立」と「個人の尊重」は固く結びついていることに、十二分な理解が必要です。

ところが、日本においては「個人の尊重」が、「個人の尊重は自分勝手を許す利己主義または利己主義を容認することになる」という具合に受けとめられている向きが多分にあります。「個人の尊重」とは、多様な解釈のある「個人主義」とも違って、憲法に記載されている「個人の尊重」のことです。具体的には、国家や社会や人間関係等に関して「憲法の原理にもとづいて個人の自由・権利の尊重が図られることを求め・実現されること」であり、日本国憲法の最高の価値基準です。

ところが、自民党の憲法改正草案では、「個人の尊重」は「人の尊重」に変更になっています[1]。「人」は、権利を有する個人ではありません。そのことは、「公共の福祉」が「公益及び公の秩序」へと変更になっていることからも明らかです。「個人の権利」を否定する方向にあることを示しています[2]。また家族に関しても、Q23で見たように、自民党の憲法改正草案では、現行憲法・民法にもない家族規定を持ちこみ、「家族」を社会の基礎的な単位として位置づけています。そして、これは、個人を否定するものではなく、世界人権宣言にならったと説明しています。しかし、Q18で見てきたように、世界はすでに人の証明を戸籍・家族単位ではなく個人証明書で行う国がほとんどですから、世界の最近の動向を看過しているといわざるをえません。

性教育を攻撃する多くの人たちが「不適切」「過激」「寝た子を起こす」と喧伝《けんでん》し、その同じ人たちが家庭科を「専業主婦を否定する」「家庭破壊科」と、皮相な国民受けしやすいデマゴギーで攻撃するのは、性教育・家庭科教育が「個人の尊重」を学ぶ重要な教育であるからです。それを国民が確かな認識としていくことへの危惧があるからではないかとさえ思います。

集団は個人の尊重と対立するものではありません。現憲法が示す個人の尊重を踏まえて、それぞれが、家族・学校・職場等すべてが、個人が尊重される集団をめざしてとりくむ課題があります。

（鶴田敦子）

（1）現行憲法第13条
すべて国民は、個人として尊重される。生命、自由及び幸福追求に対する国民の権利については、公共の福祉に反しない限り、立法その他の国政の上で、最大の尊重を必要とする。
自民党憲法改正案第13条
全て国民は、人として尊重される。……（現行と同じ）国民の権利については、公益及び公の秩序に反しない限り、……（以下現行と同じ）。

（2）「公共」とは、一言でいえば、個人相互が市民的権利を行使する空間の状態をいい、その権利相互がぶつかること（例　表現の自由とプライバシーの尊重など）があれば権利が制限される時があることを「公共の福祉に反する」という意味で使われます。

COLUMN

道徳と性教育はどう向き合えるか

「特別の教科 道徳」が2018年度から小学校で導入され、中学校でも19年度から実施されます。19年度からはすべての小中学校で、文部科学省の検定済み教科書を使っての「すべての教科の要」としての「道徳」教育が義務づけられます。学校という教育の場で、道徳教育と性教育、人権教育が併存して子どもたちに語りかけられることになるのです。

学習指導要領の道徳には22のあるべき姿（徳目）とキーワードが示されています。各教科書では徳目に沿った質問が用意され、定められた枠内で「考え、議論する」ことに誘導される可能性が大きいといえます。国が検定した教科書で徳目に沿った価値観を国の求めるように教えなければならない教育環境が枠づけられたわけですが、道徳で導かれる答えや結論は、数学や社会のように確定できるわけではありません。その点では道徳は子どもの内心への介入と操作の可能性がより大きくなります。

学習指導要領の道徳と性教育を対比してみますと、学びの目的では、道徳は社会が求める人間像に子どもをあてはめ／性教育は性的自己決定能力の形成、学びの方法では、道徳は誘導と教え込み／性教育は情報・知識の獲得プロセスの重視、評価では、子ども自身による内心の自己評価（記述式だが段階的評価化）／熟慮と模索を通して価値観や内心は評価しない、などと、学びの基本方向が真逆になっています。

教育目標の分裂と人間観の対立という状況が、教育実践の中に生み出される可能性があります。学習指導要領では「主体的・対話的で深い学び」をくり返し強調していますが、「道徳」の内容は、“誘導的・注入的で教え込み”に特徴があります。それに対して性教育は、本来の意味での「主体的・対話的で深い学び」を、子どもたちと教員の手に取り戻す教育実践なのです。

（浅井春夫）

III

包括的性教育を すべての子どもたちに

本章は、これからの性教育の基本的な内容を提示するものです。性教育を必要とするか・しないかの分岐点でいえば、わが国でもすでに、性教育は子ども・青年たちが成長する上で必要とする声が大きな流れとなっています。いま問われている課題は、どのような中身の性教育を子どもたちに届けていくのかということです。

性教育の内容と質について、①実践の目的論として、子ども・青年を管理することが基本的な目的なのか、人権尊重と性的自己決定能力をはぐくむことが目的なのか、②実践の方法論として、教えこみにより特定の価値観を注入するのか、事実・現実・真実にもとづいた科学教育か、③二分法による固定的な人間観を基本にするのか、性の多様性を基本とするのか、④性別役割分業意識を前提に考えるのか、ジェンダー文化への批判的な理解を踏まえるのか、⑤性教育と称してあるべき方向に導く指導と考えるのか、性を学ぶことを権利として保障する視点に立つのか、などの分岐点があります。

性教育の方向性とあり方をめぐる類型を具体的に整理しますと、①純潔強制教育（結婚・婚約まではセックスをしないことを誓わせる教育）、②性の恐怖教育（性のリスク強調の脅し教育）、③抑制的性教育（「寝た子を起こす」論をベースにする教育）、④子ども・人間と社会の実際に即してあらゆる可能性とリスクに対応する人権に立脚した包括的性教育（comprehensive sexuality education）、となります。包括的性教育は、子ども・青年たちが長い人生の中でさまざまな局面に遭遇しても人生を切り拓いていくために必要不可欠の学びを準備するものです。多くの子どもたちに心をこめてプレゼントしたいものです。

（浅井春夫）

Q26 「包括的性教育」はこれまでの性教育とどう違うの？

性教育という言葉は、これまであいまいに使われてきたかもしれません。学校教育に性教育という科目があるわけではなく、「性に関わること」がどこまでを指すのかも、人によってその認識は異なります。多くの人は、性教育というと、月経や射精、思春期のからだの変化、生殖、性感染症予防といった内容を思い浮かべるかもしれません。これらの内容は、既存の教科である保健体育、理科の中に位置づいているものです。

一方で、「包括的性教育」という言葉は、最近になって使われるようになってきましたが、日本ではまだまだ耳慣れない用語です。しかし、包括的性教育という言葉は、国際的にはすでに１９９０年代の早い時期にすでに使われています。世界の性教育を先導してきたともいえるＳＩＥＣＵＳ（アメリカ性情報・教育評議会[1]）は、91年に『包括的性教育のためのガイドライン』の第1版を出しています（２００4年に第3版）。「包括的性教育」と訳されている元の英語は、Comprehensive Sexuality Educationです。ここで重要となるのは、セクシュアリティという概念です。実は英語圏での性教育にあたる言葉は、Sex Education からSexuality Educationへと移行してきました。その単語の変化は、単なる名称の変化ではなく、「性」のとらえ方の変化でもありました。

(1) SIECUS：Sexuality Information and Education Council of the United States

具体的にいえば、性器や生殖、性行動といった性の生物学・生理学的な面に加え、人間の心理的、社会・文化的な面も含めて、性を広くとらえる必要性とそれが人権に関わる問題だということが認識され、セクシュアリティという言葉が使われるようになったのです。セクシュアリティは、「性の権利宣言」（２０１４年改訂版[2]）では、次のように書かれています。

「セクシュアリティ（性）は、生涯を通じて人間であることの中心的側面をなし、セックス（生物学的性）、ジェンダー・アイデンティティ（性自認）とジェンダー・ロール（性役割）、性的指向、エロティシズム、喜び、親密さ、生殖がそこに含まれる。（中略）セクシュアリティは、生物学的、心理的、社会的、経済的、政治的、文化的、法的、歴史的、宗教的、およびスピリチュアルな要因の相互作用に影響される。」

包括的性教育は、こうした性を広くとらえるセクシュアリティ概念を前提にしており、したがって性に関わる包括的な領域を対象とするものと考えられています。さらにいえば、性を、生まれ持った固定的なものとしてではなく、社会の中で構築されるものであるという理解の上に立っています。

２００９年に出されたユネスコなどによる『国際セクシュアリティ教育ガイダンス』（18年第2版、以下、『ガイダンス』）にもとづき、包括的性教育の特徴ともいうべき点を整理しておきましょう。

第１に、包括的性教育は基本的人権を基盤とした「性の権利」だということです。これは、その内容を決定づける重要な前提となります。このことは、包括的性教育の目的が、すべて

（２）１９９９年、第14回世界性科学学会（ＷＡＳ）で採択。ＷＡＳ（World Association for Sexology）は、２００５年にＷＡＳという略称はそのままに、性の健康世界学会（World Association for Sexual Health）に名称変更。「性の権利宣言」は14年にその改訂版がＷＡＳ諮問委員会により承認。http://www.worldsexology.org/wp-content/uploads/2014/10/DSR-Japanese.pdf

の個人の健康、安全、幸福の実現にあるということです。

第2に、多様性を前提としたジェンダー平等の視点に貫かれているということです。ここでいうジェンダー平等とは、男女という性別二分法を乗り越えるものです。また、ここでいう「多様性」は、家族の多様性、からだ・発達の多様性、価値観の多様性、行動選択の多様性など、あらゆる面での多様性を意味しています。

第3に、包括的性教育は、人間関係を中心に据えたきわめて広い領域を射程に入れているということです。『ガイダンス』（18年第2版）では、包括的性教育の内容が次の8つの枠組みのもとに展開されています。

①関係性　②価値、権利、文化、セクシュアリティ　③ジェンダーの理解
④暴力、安全の確保　⑤健康と幸福のためのスキル　⑥人間のからだと発達
⑦セクシュアリティと性的行動　⑧性と生殖に関する健康

第4に、包括的性教育で大切にされていることは、それぞれの発達段階で「何を学ぶか」というテーマではなく、「どのような力を身につけるのか」といった学習者の（発達）課題に重点がおかれているということです。このような学習観こそが、自己の健康、安全、幸福につながる行動を、自ら選択する力を身につけることにつながります。

これらのことは、性教育との違いというよりは、これまであいまいにされてきた性教育とは何かということの問い直しでもあります。

（田代美江子）

Q 27

『国際セクシュアリティ教育ガイダンス』とはどういうもの？

『国際セクシュアリティ教育ガイダンス』[1]（以下、『ガイダンス』）は、これまでの世界のとりくみと英知を結集してまとめられた性教育の基本課題と具体的な実践のポイントを明示した手引き書であり、その内容は世界の性教育を進めていく上でのスタンダード（標準＝判断のよりどころや行動の目安となるもの）として位置づけられます。

『ガイダンス』は、国連教育科学文化機関・ユネスコ（ＵＮＥＳＣＯ）、国連合同エイズ計画（ＵＮＡＩＤＳ）、国連人口基金（ＵＮＦＰＡ）、世界保健機関（ＷＨＯ）、国連児童基金・ユニセフ（ＵＮＩＣＥＦ）が協力して作成し、セクシュアリティ教育に関わる世界の研究と実践の成果を踏まえて、２００９年12月に初版が発表されました。さらにこの間の世界のとりくみと研究の前進を反映させた第2版が18年1月に公表されています。

『ガイダンス』が検討された国際的な背景には、「２００８年世界エイズ報告書」の大きな後押しがあります。15～24歳の若者のうち、ＨＩＶと感染についての正確な知識をもっていたのは40％にすぎないと報告しており、新たにＨＩＶに感染した人々のうち45％が15～24歳の若者層となっており、性的健康に関する知識の獲得がいっそう必要になっている現状が再確認されたのです。ＨＩＶ／ＡＩＤＳの拡大に対して、世界でその克服のためのとりくみが

（1）国際セクシュアリティ教育ガイダンス
International Technical Guidance on Sexuality Education An evidence-informed approach for schools, teachers and health educators

求められている中で、性教育実践のあり方を検討するときに、セクシュアリティや人間関係などについて子ども・若者と議論をはぐくむための基本的な方向が提示されている、この『ガイダンス』が活用されることが各国政府・関係省庁に問われているのです。同時に、子ども・若者のセクシュアリティとその発達のために「先導し思い切った措置と準備をする特別な責任」を果たすことを、政策立案者に強く求めてもいます。

『ガイダンス』（初版）第1巻では、セクシュアリティ教育の必要性と基本方向に関する理論的根拠を紹介し、効果的プログラムの特徴と実践上のポイントを示しています。第2巻は、5～18歳未満の子どもと若者を対象とした基本的なセクシュアリティ教育の年齢段階ごと（レベル1～4）の「重要となる考え方」と学習課題が提示されています。

基本的構想（Key Concept）は、初版では①人間関係、②価値観・態度・スキル、③文化・社会・人権、④人間の発達、⑤性的行動、⑥性と生殖に関する健康となっており、さらに第2版では⑦性暴力と⑧ジェンダーの理解が加えられ、時代状況に即した柱が設定されています。年齢区分（Age range）は、レベル1（5～8歳）、レベル2（9～12歳）、レベル3（12～15歳）、レベル4（15～18歳＋）としています。年齢別の課題を明示しており、わが国の学校制度を踏まえても参考にする必要があるでしょう。

『ガイダンス』全体の基本的スタンスと特徴の第1は、現代社会におけるセクシュアリティや人間関係をめぐる諸課題、とりわけＨＩＶ／ＡＩＤＳが蔓延《まんえん》する世界の現実に挑戦する国際的な英知を結集した基本文書といえるものです。『ガイダンス』は各国政府のみならず子ども・若者に関わる教員・専門職の人々に挑戦を呼びかけた報告書です。

第2は、性教育の実践的視点として、「テーマ主義」から「課題主義」への転換という大きな特徴があります。性教育のテーマ（月経・射精、避妊、エイズなど）を年齢段階に即して提示・配分したカリキュラムのあり方が、いわばテーマ主義といえる組み立てです。それに対して『ガイダンス』では、それぞれの主題と年齢に即して、獲得すべき「学習課題」が具体的に提示されています。それを踏まえて、各国のコミュニティと現場で、子ども・若者の実際に即して、セクシュアリティ教育を創造していくことが政策決定者や教育実践者に求められているのです。

第3の特徴として、子ども・若者の性的自己決定能力をはぐくむために、知識とスキルを提供することを具体的に提起しています。

第4に、子ども、女性、男性、マイノリティの人々が性的人権の保障とセクシュアリティ教育からは排除されている現実がある中で、年齢・階層・性別・障がい・性的指向などを踏まえて、すべての子ども・若者に、セクシュアリティ教育を提供することを明確に求めています。

第5として、『ガイダンス』は教育と健康部門の政策立案者と専門職を基本的に対象としています。性的にアクティブになる以前およびアクティブになっている子どもと若者に対して有効な影響を与えるためには、『ガイダンス』が提示するセクシュアリティ教育が実施できる、トレーニングを受けた教員と健康教育の専門職者が公的な学校カリキュラムの中で実践に挑戦することが求められているのです。

（浅井春夫）

〈参考文献〉
ユネスコ編／浅井春夫・艮香織・田代美江子・渡辺大輔訳『国際セクシュアリティ教育ガイダンス――教育・福祉・医療・保健現場で活かすために』明石書店、2017年
橋本紀子・池谷壽夫・田代美江子編著『教科書にみる世界の性教育』かもがわ出版、2018年
『季刊セクシュアリティ』82号、2017年7月（特集：「国際セクシュアリティ教育ガイダンス」を活かす）

Q28 「包括的性教育」は『ガイダンス』でどう説明されているの？

『ガイダンス』（第2版）では、あらためて「包括的性教育とはなにか」について、次のように定義しています。

「包括的性教育はセクシュアリティを精神的、心理的、身体的、社会的側面からとらえた上で、カリキュラムに立脚した性教育のことである。自らの健康・幸福・尊厳への気づき、尊厳の上に成り立つ社会的関係・性的関係の構築、個々人の選択がいかに自己・他者に影響し得るのかという気づき、生涯を通して自らの権利を守ることへの理解と具体化できるための知識、スキル、態度、価値観を子どもに身につけさせることが主な目的である」

大事な点は、人生の中でさまざまな局面に際しても、自らの尊厳と権利を守ることができる判断と意思決定力を獲得することが主な目的であることです。社会や大人たちが想定した人生コースやあるべき姿ではなく、人生のあらゆる可能性と局面、リスクに対応できる選択・判断能力の形成が求められているのです。

包括的性教育は、次のような内容で構成されています。

①「包括的で正確、科学的根拠に基づいた内容であり、各年齢に適した性に関わる情報を得る機会を提供していること」、②「健康と幸福の実現のために必要な分析的なものの見方

やコミュニケーションスキルについて広範囲に学ぶことで学習者のエンパワメントを図る」、③「人権的アプローチ──質の高い健康、教育、情報を享受する権利などを基に作成されている」、④「ジェンダーの平等」、⑤「変革的であること──より平等かつ寛容な社会の構築をめざしている」などがあげられます。

さらに包括的性教育の特徴のもう一つは、学習者中心アプローチにあります。子ども・生徒は情報や教材を、自らの経験と情報を組み合わせ、批判的思考をもちながら理解していくことを許されたときに、最も深い学びを達成するのです。

セクシュアリティ教育の先進諸国における基本方向は、①子どもの性的発達と知的欲求や疑問・質問にどう応えていくのかという姿勢を大切にして、②それぞれの国のポルノ情報を含んだ性情報の量と質、子どもをとりまく社会の性的環境の実際を踏まえて、③子どもの性的自己決定能力をはぐくむことと性的人権を保障するとりくみとして、④セクシュアリティに関する研究的実践と実践的研究を通して、自由闊達《かったつ》な実践を創造していくことをめざしており、そのためには⑤国・自治体・教育行政は現場の実践がやりやすいようにバックアップする役割を果たし、さらに⑥実践の内容を検証し創造していくことに、教員だけでなく保護者や子ども自身も参加していくシステムを大事にしていること、などをあげることができます。こうした世界の動向と『ガイダンス』の方向性に対して、各国政府がどのような姿勢をとるのか、また実践者が現場でどのように活かしていくのかが問われているのです。

『ガイダンス』（初版&第2版）を性教育政策と実践に活かしましょう！

（浅井春夫）

〔参考文献〕
『国際セクシュアリティ教育ガイダンス』（第2版）（2018, International technical guidance on sexuality education ~ An evidence-informed approach ~）

Q29 「包括的性教育」の考え方は日本の性教育でどこまで受け入れられているの？

日本性教育協会「第7回青少年の性行動全国調査（2011年）」[1]によると、「排卵はいつも月経中に起こる」という質問への「間違っている」の正答率は、大学生男子33・2％、女子66・2％となっています。6年前の第6回調査より男女とも10％ほど正答率が下がっています。男女差が大きく、6年前の第6回調査より男女とも10％ほど正答率が下がっています。また、射精についても「精液がたまりすぎると体に影響がある」の質問に「間違っている」の正答率は、大学生男子58・3％、女子20・4％であり、女子の正答率はかなり低くなっています。射精の理解が進まないのは、学校における性教育で男性の性がほとんど扱われていないためです。その結果、子どもたちは自主的に商品化された性情報に近づき、差別的、暴力的な性知識を刷り込まれ、嫌悪につながることもあります。

学習指導要領の「受精に至る過程は取り扱わないものとする」（小学校5年理科）、「受精・妊娠までを取り扱うものとし、妊娠の経過は取り扱わない」（中学校保健体育）といった規定に表れているように、日本の子どもたちは、人間の生殖について科学的に学ぶ機会をほとんど有していません。

小学校の理科（6年生）の「人の体のつくりと働き」で扱われる「主な臓器」には生殖器が含まれておらず、教科書にもその図はないのです。「性交」という用語の使用や、エイズ

（1）直近の調査結果は、2018年7月公表の第8回調査です。Q1参照。

予防教育において重要なコンドームを実際に見せることなども、学校現場では規制されています。性感染症を扱うことになってはいますが、具体的な感染経路や予防方法を学ぶ機会は、現場の教員の力量に任せられています。同様に、避妊についても具体的に学ぶ機会は奪われています。さらに、学習指導要領では「異性への関心」（中学校保健体育）だけが「自然」なものとして扱われており、「異性愛」だけが前提とされ、多様な性的指向にふれられていません。文科省による道徳の補助教材でも「異性を好きになるのは自然なこと」とあります。

学校教育への介入に固執する安倍政権は、「道徳」を「特別な教科」と位置づけました。各自治体の独自の道徳教材を見ると、親、家族、郷土などへの愛が説かれ、感動や感謝の強要や一定の方向性への誘導が見られます。

教育の主人公は子どもです。子どもは、社会の統制物ではありません。少年非行の防止に関する国際連合指針（リャド・ガイドライン）は、基本的原則の3に「この指針を解釈するにあたっては、子ども中心の方向性が追求されるべきである。青少年は社会のなかにあって積極的な役割およびパートナーシップを担うべきであり、単に社会化または統制の対象と見なされるべきではない」としています。また、性は人権であるというのは、国際的に広く確立された概念です。

日常生活でも、身体の性でも性自認でも性的指向でも、女か男かの性別二元論を押しつけられず、自由に生きるという概念であり、性の多様性を認め、自己肯定にもとづく性の自己決定を尊重することを意味しています。

（金子由美子）

Q30 「包括的性教育」に反対する人はいるの？　その理由は？

まず、「性教育」に反対する人がいるというのは、２００３年の七生《なお》養護学校（現・七生特別支援学校）へのバッシング（根拠のない非難）からも明らかでしょう。(1)

七生養護学校に関する事件で性教育に反対したのは、特定の政治団体や宗教団体、それらに属する人々でした。例えば、古賀俊昭都議や土屋敬之都議、田代博嗣都議、また石原慎太郎都知事（当時）、さらに「過激な性教育・ジェンダーフリー教育実態調査プロジェクトチーム」（座長・安倍晋三自民党幹事長〈当時〉、事務局長・山谷えり子参議院議員）に属する国会議員、そして、それらのバッシングを喧伝《けんでん》した産経新聞やバッシングの「ブレーン」となった西尾幹二氏、八木秀次氏、高橋史朗氏らが「反対」派の人々です。

また、バッシング派に促されて教員らを処分した横山洋吉東京都教育長（当時）や、それらバッシングを「他人ごと」として、「過激な性教育」という世論をつくり出すことに加担した人々も、広い意味で「反対派」であったといえるでしょう。(2)

では、「包括的性教育（セクシュアリティ教育）」についての反対派がいるのかというと、これに関しては「いるけれど、いない」というのが質問への答えになるでしょう。この点を考えるために、今回の東京都の区立中学校で行われていた性教育へのバッシング（Q10、11参照）

(1)　七生養護学校事件に関しては、金崎（2005）、児玉（2009）などが詳しいです。

以下、それぞれ参考文献一覧をご覧ください。

(2)　多くの「傍観者」がどのような態度をとるべきか、かれらを運動や社会問題にどのように向き合わせるかについて考えた《環状島》モデル（宮地、2007）がこの問題をとらえる上で重要になります。

がどのようなものだったのかを分析する必要があります。

今回のバッシングは、90年代から続くジェンダーフリー・性教育バッシング同様に、特定の政治団体や宗教団体、それらに属する人々によってなされています。先の古賀俊昭都議による都議会文教委員会における「質問」の名を借りたバッシング発言が今回の発端となっているわけですが、それは、過去のバッシングの構図と非常に類似しています[3]。古賀都議によるバッシングのあと、現教育長が「指導をする」という不当な発言をしたこと、これらに関する出来事を歪《ゆが》めて報道した産経新聞と、まさに「雁首《がんくび》がそろった」形になります[4]。

つまり、「性教育」に反対する人は、2000年代と同じように存在し、それらのメンバーにはあまり変わりがないということができます。しかし、かれらは「包括的性教育」を理解してバッシングしているのではなく、これまで同様に科学的知識を無視し、「家族が壊れる」、「伝統的な文化や慣習が崩壊する」というような道徳主義を推し進める新保守主義的言動をしているのであって、「包括的性教育」を理解して批判しているわけではないのです（もちろん、「性教育」に関しても理解があったとはいえません）。このことからも、バッシングの構造自体は00年代から連綿と続いているのであって、「包括的性教育」であるから批判しているわけではありません。というわけで、「いるけれど、いない」という答えになるのです。

このような根拠のない非難をくり返す人々に対して、包括的性教育を進めていこうとしている私たちがしていかねばならないことは、「包括的性教育」自体への無理解・無知状態を変えていくことでしょう。なぜならば、バッシングを進める人々にとって、「反対派」に同

（3）03年バッシング時のバッシング派の様子に関しては浅井他（2003）を参照してください。なお、「一般社団法人 平和政策研究所」（2011年設立）に、03年バッシング時の「登場人物」が多く賛同していることからも、これらの流れを追うべきでしょう。

（4）田代美江子「中絶や避妊、性交を扱う性教育は『不適切』か——教育内容への政治的介入は許されない」（朝日新聞「WEB-RONZA」2018年4月25日）を参照してください。

調する人々が多いこと、つまり世論が味方についていることが何よりも包括的性教育の「阻止」につながっているのであって、ブーム的に、一時的に周りの様子に同調するような形であっても、反対派に与《くみ》してくれる人がかれらにとっては重要だからです。

先にあげたとおり、00年代の性教育バッシングの際には、「過激性教育」や「偏向教育」というデマゴギーに流されて、反対してしまった人が多数いました。こうした状況は、子ども期から主体的な学びを受けられずに育ってしまう日本の教育全体の問題であるといえるでしょうが、それこそが、日本の性教育・包括的性教育が遅々として進まなかったことの大きな要因の一つであるといえるでしょう。

逆にいえば、今日バッシング側ではなく、包括的性教育を進めようとしている側に「追い風」が吹いていることも、注意深く分析する必要があるでしょう。一歩一歩積み重ねられてきた性教育運動・実践が実を結び始めていることはもちろんですが、まだまだ十分な理解をえられているわけではありません。『国際セクシュアリティ教育ガイダンス』にあるこれまでの科学的な手順をふんだ研究などを読めば、性に関する科学的な知識が、子どもたちの性の健康を守ることにつながるのは一目瞭然です。今回のバッシングを機に関心をもち始めた人たちも、すべての人に包括的性教育が必要なのだと納得できるように、「知」を広く共有する機会をつくり出すことこそが、「反対派」に対抗する正攻法であるといえるでしょう。

（堀川修平）

〔参考文献〕

浅井春夫・北村邦夫・橋本紀子・村瀬幸浩編著『ジェンダーフリー・性教育バッシング――ここが知りたい50のQ＆A』大月書店、2003年
金崎満『検証 七生養護学校事件――性教育攻撃と教員大量処分の真実』群青社、2005年
児玉勇二『性教育裁判――七生養護学校事件が残したもの』岩波ブックレット、2009年
七生養護学校「ここから」裁判刊行委員会編『かがやけ性教育！――最高裁も認めた「こころとからだの学習」』つなん出版、2014年
宮地尚子『環状島＝トラウマの地政学』みすず書房、2007年

Q31 「ジェンダー（フリー）教育」と「包括的性教育」はどういう関係にあるの？

性別による格差を測るジェンダーギャップ指数で、日本は０・６５７で１４４か国中１１４位となっています（２０１７年）。この背景には、①女性の性の物象化・商品化が著しい、②女性の社会的地位が低い、という現状があります。

子どものジェンダーおよび性差別の遠因は、日本の国家および社会のジェンダー不平等にあることは、否めない事実です。日本政府は今日まで、女性差別撤廃委員会の勧告にある「ジェンダー平等の推進を教育基本法に再度取り入れる」に従って法的措置をとり、制度的保障を与えようとはしていません。内閣府によると、「女性差別撤廃条約」という語の周知度は、２０１６年に36・１％であり、09年の35・１％以来、ほとんど変化していません。その上、第４次男女共同参画基本計画の目標値では、「女性差別撤廃条約」の周知度を20年までに50％以上と設定しており、ここにも政府の消極的姿勢が表れています。

教育に関しては、現行教育基本法2条「教育の目標」に「男女の平等」を入れたものの、ジェンダー平等教育推進に対するとりくみにも、積極性が認められません。公立高校の98・5％（２０１３年）が男女共学校となっているのに、戦後の文科省の「地域の実情に応じる」方針の結果、いまだに9県に、男女別学の公立高校が残っています(1)。

（1）「朝日新聞』デジタル」２０１７年9月5日付「男女別学、なぜ関東に多い？『養蚕が関係』の見方も」。

『国際セクシュアリティ教育ガイダンス』では、多くの子どもたちがアクセスする可能性のある学校における包括的な性教育の実施が重視されています。性に関する価値観の多様性を前提に、自然科学的な内容と社会科学的な内容の双方を含む教育を行うことが求められています。性に関する貧弱な内容の現行学習指導要領を改め、原則としてこの『ガイダンス』にもとづく内容にバージョンアップすることが必要でしょう。

また学校教育だけではなく、社会教育においても同様に改善を図るべきです。ジェンダー・センシティブな生き方とは、一見「自然」に見える事柄の中で「つくられたジェンダー」、「規範／差別／抑圧としてのジェンダー」を発見し、ジェンダー・バイアスをもたないように律する生活を大切にしていくことです。そして、他人に接するときに、その人のジェンダーがはぐくまれた背景や、培われた考え方も尊重して関わることを心がけていくことです。

「ジェンダー・センシティブ」な感覚と知性を社会化していくためには、自分のことや、自分たちのカテゴライズに偏ることなく、さまざまな差別に対し敏感になり、国内外の法律や歴史から学ぶ柔軟な視点をもって、現状を変えていくための行動や発信をしていく姿勢が一人ひとりに求められます。

（金子由美子）

Q32 『ガイダンス』を学校・福祉・医療・保健分野で活用するための環境や条件とは？

研究実践の自由の保障

学校での性教育を例にとるなら、目の前にいる子どもたちのニーズや課題があり、この内容をこんな展開でやっていくのがいいだろうと事前研究を進め、いざ授業。その前に管理職に指導案を見せると、「指導要領から外れる内容ですね。変更してください」と返ってきます。悲しいことに、これが多くの現場のリアルな実態です。またそうなることが予想されるから、はじめから踏みこんだ内容にしないこともあります。そこには創造的な実践の自由が保障されているとはいい難い状況があるということです。

学習指導要領の〝はどめ規定〟の問題は別項に譲りますが（Q6、12、36参照）、創造的な実践の自由が保障される第一歩は、性教育の対象者としての子どもたちをリアルに見つめ、性教育の必要性を認める世論を形成していくことです。また学校内だけではなく、保護者、地域の医療機関、助産師等との連携を強めることも大切です。性教育は必要という世論が大きくなれば、性教育を学び、自信をもって実践にとりくみたいという仲間は必ず増えていきます。その動きが出てくると「指導要領から外れないように」と消極的な人々を動かし、学年全体でとりくんでみる、学校全体でとりくんでみるという形で拡がる可能性があります。

長期的な視野に立ち、子どもたちのニーズと課題に立脚し、『国際セクシュアリティ教育ガイダンス』に示された世界標準の性教育を地道にとりくんでいく。それが結果として創造的な実践の自由を獲得していくことにつながっていくのです。

新たな課題に挑戦する集団の存在

学校を離れ、就労をしている障がい者の性教育のニーズや課題もとても大きなものがあります。性から遠ざかることを教えこまれてきた人も多く、自分のからだとどう向き合えばよいのか、人を好きになる気持ちや行動に戸惑ってしまう。あるいは支援する側にも性教育の学びがないために、目の前で起きる事象にどう対処すべきか戸惑うことが多いようです。

こんな場合、やはり一人ひとりの障がいの状況、発達年齢、育ってきた環境、今の生活等々を支援者がきちんと分析し、障がい児者の性教育を長年実践してきた人や研究者と連携していくことが重要になってきます。また、同じような課題を抱える支援者との連携も大切です。単に問題行動を押さえこむという視点ではなく、その行動の背景をさぐり、関わる人がきちんと学び、集団的に検討を重ね実践していくことで新たな道が開けていきます。

性教育はいつから初めても大丈夫なのです。ニーズを探り、連携できる人たちと集団的に学び合い、意見を交換し合い、実践し検証していく。このくり返しこそが大切です。

労働条件の確保と改善

どの現場であっても、目の前には山積みの仕事、働き方改革で早く帰る日があっても、結局家に仕事を持ち帰る、別の場所で仕事をする、休日出勤をするというのがリアルな実態だと思います。

性教育の実践を豊かにするために、自らもっと学びたい、他の実践を参観したいと思っていても実現できず、そんな自分に嫌気がさし落ちこんでしまう。本を買いたい、講座に参加したい、でもお金が……。マイナス条件をあげればきりがありません。

豊かな性教育を保障していくためには、担い手の労働条件を改善していくことも深く関わっています。働いている人の孤立化が深まる中、一人で解決することは困難極まりないことです。しかし、同じ問題を抱えている人とつながり、小さなことからでも働く条件を変えていくことが、道を切り拓く一歩になっていくはずです。

（星野　恵）

Q 33 すべての子どもたちに性を学ぶ権利を保障するには、どんな研究運動が必要？

すべての子どもたちが性を学ぶことが必要である、という認識を、どれぐらいの大人がもっているでしょうか。学習指導要領にはいまだに「受精に至る過程は扱わないものとする」という〝はどめ規定〟があり、２０１８年3月の都議会文教委員会での古賀俊昭都議の質問内容を見ても、子どもたちには科学的な性の知識が必要である、との認識に至っていないようです。教育行政がそのような状態で、多くの教員自身が十分な性教育を受けていないことを考えると、「性」は下半身の問題、というとらえ方から抜けられないでいるのが現状です。

国語や算数、あるいは音楽や美術、体育などを〝すべての子どもたちが学ぶ〟ことに異論を唱える大人はいないのに、性教育というと途端に眉をひそめるのは、そういう意識が受け継がれているからです。さらに、〝性教育は後進国、性産業は先進国〟といわれる日本の状況が、幼児ですら「エロい」という言葉を発するような、恥ずかしい、隠さなければならないもの、というイメージを刷りこみ、性教育の実践をいっそう困難にしています。

しかし、今回の古賀都議の質問、都教委の答弁に始まる性教育への不当介入は、教育関係者のみならず多くの市民の問題意識を喚起し、不当介入は許さないという大きなうねりを創り出しています。それはとりもなおさず、子どもたちと子どもたちをとりまく家庭、社会の現状が「包括的性教育」を必要としていることが明らかになってきたということです。マスコミが注目し、新聞各紙もこの動きを後押ししています。

「性」にまつわることは、一人ひとりが育ってきた背景がその意識の中に色濃く反映されるだけに、民主的な教育づくりを進める立場で一致できる教員たちですら、性教育については反対意見になったり、積極的になれなかったりします。まず大人が「性」を学ぶことが必要ですが、自分自身の生き方にストレートにつながる内容であるだけに、拒否反応を示すこともあるでしょう。子どもたちには性の学びが必要であるという認識を共有するためにも、目の前の子どもたちの姿を分析し、性教育について語り合える仲間を少しずつ増やしていくことが、教育課程の中に性教育を位置づけるための第一歩だといえます。

カリキュラムができあがれば性教育実践が進むかというと、そうではなく、教員自身がその教育内容の必要性を感じとらなければ子どもたちには伝わらず、形骸化したものになってしまいます。そういう意味でも、教員たち自身が学び続けること、ともに学びを深めていくための仲間作りをすることこそが、性教育の充実につながります。

もう一つ、性教育実践を進める上で、保護者の協力は不可欠です。子どもたちの生き方に結びつくと同時に、家庭生活、親子関係とも密接に関わる内容ですから、保護者に意識改革を求めることも必要になる場合があります。子どもたちに行っている性教育の内容を丁寧に説明して保護者から共感、理解をえることが、性教育には欠かせません。そのことはまた性教育実践を後押ししてくれる力にもなるはずです。

（北山ひと美）

Q34 『ガイダンス』では性交や妊娠・中絶はどの年齢段階で学習するの？

実は『国際セクシュアリティ教育ガイダンス』にはどの年齢段階で教えるべきとははっきりと述べられていません。しかし、初等～中等教育（5歳から18歳以上まで）の子どもと若者のセクシュアリティ教育の「内容項目と学習目標」を示した『ガイダンス』第Ⅱ部では「基本的構想」（「人間関係」「性的行動」など1～6までの項目がある）の複数にまたがる内容項目で、性交や妊娠・中絶について言及しています（13ページの**表1**参照）。それを見ると、9～12歳までには具体的内容がテーマとされていることがわかります。ただし、それ以前（5～8歳まで）の段階で、その後につながるテーマ設定がされています。

具体的な例をあげると、「基礎的構想6-1」の「避妊」の中で、各レベル（レベル1：5～8歳、レベル2：9～12歳、レベル3：12～15歳、レベル4：15～18歳）の学習目標として、次のような記述があります。レベル1では「すべてのカップルに子どもがいるわけではないことを認識する」とし、子どもを産まない選択や産めないカップルがいることを小学校低学年までに認識させます。その上でレベル2「妊娠と避妊の主な特徴について説明する」とし、具体的には重要となる考え方として「コンドームを正しく常に使うことで、意図しない妊娠、HIVやその他の性感染症のリスクを低減させることができる」「性交をしないことが最も効果的な避妊である」との内容があげられています。

また「基礎的構想5-2」の「性的行動と性的反応」では、以下のとおりです。レベル1「人々は、ケア、愛情、身体的親密さを表現し、心地よさを感じるために、互いにキスしたり抱き合ったり、ふれ合ったり、性的行動をとったりする」、レベル2「性的関係を持つには、感情的・身体的な成熟が必要とされる」、レベル3「コンドームやその他の避妊具は、意図しない結果のリスクを減らす性的行動を可能にする」「挿入を伴わない性的行動は、意図しない妊娠のリスクがなく、HIVを含む性感染症のリスクを低減させる」、レベル4「性的関係にあるパートナー双方が、意図しない妊娠、HIVを含む性感染症を予防する責任を持つ」とあります。

このように、『ガイダンス』は「課題主義」をとりながら、包括的性教育を提示しているため、性交や妊娠・中絶などの扱いは例にあげたように、第Ⅱ部の各パートではもちろん、第Ⅰ部「セクシュアリティ教育の論理的根拠」にも横断的に示されています。

『ガイダンス』を読みこむことにより、これらのセンシティブな性教育の分野はレベル1（5〜8歳）から段階的に教育を具体化し、若者の性の現実から目をそらすことなく（「放置」せず）、性的に活発になる前にとりくむ（「挑戦する」）ことが重要だと理解できるでしょう。

（楢原宏一）

Q35 教科としての「道徳」で、性教育の観点からの実践はできる？

２０１５年、学習指導要領が一部改正され、「道徳の時間」が「特別の教科 道徳」（以下、「道徳」）として教科になり、18年から小・中学校では完全実施となりました。(1) こうした動きは、第２次安倍内閣の私的諮問機関である教育再生実行会議（以下、会議）によって、「いじめ問題への対応」という文脈で進められています。

道徳の教科化は、すでに02年に文科省が『心のノート』（小学校低学年は『こころのノート』）を補助教材として無償配布したところから、着々と具体化されてきました。14年には、『心のノート』の全面改定版である『私たちの道徳』が公表され、教科化によってつくられることになる「道徳」の検定教科書の内容を方向づけることにもなりました。

このことは、「道徳」が、どのような本質をもつ「教育」であるのかを表しています。「心のノート」という名称から始まったことに象徴されているように、いじめ問題が「心の問題」、つまり一人ひとりの心の持ちよう、道徳心の問題とされているのがわかります。実際、文科省の教材には、「愛国心」をはじめ、「親切」「思いやり」「感謝」「礼儀」といった徳目が並べられ、個人の人権を前提としない「社会正義」「公共の精神」などが強調されるなど、「義務」や「責任」だけが肥大化し、人権や権利についてはほとんどふれられていません。

(1)　小中学校の道徳の延長として、「公共」という必修科目が高校で２０２２年度の新入生から実施されることになっています。

もちろん、いじめによる子どもの自殺という深刻な問題は実際に起こっており、それへの対策は重要な課題です。しかし、その解決の道筋を、子どもたちに「徳目」を押しつけることに求めるとすれば、いじめ問題の解決に向かうどころか、子どもたちをますます型にはめ抑圧することになり、いじめの根本的解決にはつながらないのは明白です。

だからといって「道徳」の実践時間を手放してはなりません。むしろ「道徳」の時間を子どもたちにとって意味のある学習の時間にするためにも、「包括的性教育」の視点は重要になります。しかも、「道徳」の内容構成としてあげられている視点[2]の「人との関わり」「集団や社会との関わり」や、「徳目」としてあげられている「信頼」「協力」「差別や偏見の否定」といった内容は、人間関係の学習課題として包括的性教育の学習へと発展させることが可能です。

『国際セクシュアリティ教育ガイダンス』が提示する包括的性教育の枠組みの第1にあげられているのが「人間関係」です。ここに示されている学習課題から学べば、規範を強制する教育の名に値しない「教化」としての「道徳」を、人権を基盤にした学びの時間にすることができます。

例えば、学習指導要領の「道徳」の内容では、「感謝」の徳目のもとに「家族の支え」が取り上げられていますが、『ガイダンス』では、「さまざまな種類の家族が存在する」[3]ことが前提とされ、さらに「家族のメンバーは、時にそうしたくなかったり、できなかったりすることもあるが、沢山の方法で互いに助け合う」というように、「助け合えないことがある」

(2) あげられている4つの視点は、「主として自分自身に関すること/主として人との関わりに関すること/主として集団や社会との関わりに関すること/主として生命や自然、崇高なものとの関わりに関すること」。

(3) ユネスコ編/浅井春夫・良香織・田代美江子・渡辺大輔訳『国際セクシュアリティ教育ガイダンス――教育・福祉・医療・保健現場で活かすために』(明石書店、2017年)、126ページ。ここであげた内容は、レベル1(5~8歳)の学習目標。

ことも示しています。家族の中に「ジェンダー不平等」があることも取り上げています（14ページの**表2**参照）。「あるべき家族像」を押しつけるのではなく、家族と家族を取り巻く問題を直視しながら、家族のメンバーの役割や責任のあり方について、子どもたち自身が、家族とは何かを考えていくのです。

「友だち」についても同様です。学習指導要領では、「友情・信頼」の徳目のもとに「友情の尊さ」が取り上げられていますが、『ガイダンス』では、「さまざまな友だちがいる(4)」ということから出発し、そこには、「よい友だちか悪い友だちか……」というように、「悪い友だち」がいることも明示しています。その上で、「友だち」とは何かについて、子ども自身が考えることが学習課題として大切にされているのです。

正確な情報、科学的な知識を基盤に、多面的なものの見方を身につけることによってしか、自分の価値観を形成し、それにもとづく行動を選択し、具体的な人間関係の中で実際に行動する力をつけることはできません。こうした力を子ども・若者たちに保障することをめざすのが包括的性教育です。「道徳」の時間で包括的性教育を実践する可能性をさぐることは、「道徳」の規範を強制する人権不在の教化から人権・権利を学ぶ「権利としての教育」に変えていくことでもあります。

（田代美江子）

（4）前掲書、128ページ。レベル1の学習目標。

Q36 「包括的性教育」を踏まえた「中学校学習指導要領 保健体育編」の課題とは？

「中学校学習指導要領　保健体育編」（平成29年3月公示）の保健分野は、①健康な生活と疾病の予防、②心身の機能の発達と心の健康、③傷害の防止、④健康と環境、という内容を3学年で扱うようになっています。3学年を通して48時間、1学年あたり16時間の配当です。学習指導要領では、性を体系的に扱っているわけではありません。性に関連する指導内容にはどのような課題があるのか見ていきましょう。

妊娠の経過は取り扱わない（1学年）

1学年で扱う②の内容では、「妊娠や出産が可能となるような成熟が始まるという観点から、受精・妊娠を取り扱うものとし、妊娠の経過は取り扱わないものとする。また、身体の機能の成熟とともに、性衝動が生じたり、異性への関心が高まったりすることなどから、異性の尊重、情報への適切な対処や行動の選択が必要となることについて取り扱うものとする」となっています（傍線、筆者）。

「妊娠の経過は取り扱わない」という〝はどめ規定〟は、生殖の機能が成熟することを学ぶことと照らしても、非常に不自然です。「どうしたら妊娠するか」を扱わずして、自らの性行動の結果を予測することはできません。妊娠の経過を学ぶことは、人間の性の多面的な部分（生殖の性だけでなく、ふれあいの性や暴力の性など）を学ぶことで、性を関係性としてとらえ、性行動を選択していく力となります。このことは、性を科学として学ぶことにより性行動に慎重になるという包括的性教育の実践からえられた知見を無視しています。

多様な性の視点の欠如（1学年）

包括的性教育では、多様性はセクシュアリティの基本ととらえています。「異性への関心が高まったりする」としている点は、そのことを無視しています。２０１５年には文科省から「性同一性障害に係る児童生徒に対するきめ細かな対応の実施等について」の通知、16年には教職員向け手引き「性同一性障害や性的指向・性自認に係る、児童生徒に対するきめ細かな対応等の実施について」が同省から発行されました。大綱的な基準である学習指導要領にこそ、そのことを反映させることが、一人ひとりの子どもの存在を受け止めることになります。

エイズ及び性感染症の学び（3学年）と「妊娠の経過は取り扱わない」ことの齟齬

中学3年でのエイズについては、「その主な感染経路は性的接触であることから、感染を予防するには性的接触をしないこと、コンドームを使うことなどが有効であることにも触れるようにする」としています。

しかし、「妊娠の経過」を学ばなくて、「性的接触をしない、あるいはコンドームが有効」ということを自分のこととして理解できるのでしょうか。

「性的接触」とは、性器と性器、性器と肛門、性器と口の粘膜と粘膜の接触のことを意味します。性感染症は、主に粘膜と粘膜の接触で感染します。「妊娠の経過」である性交について学ばないでこの単元を扱うことは、非常に不自然です。学びの系統性を考えた学習指導要領になっていないのです。

先ほどふれた「多様な性の視点の欠如」は、同性間の性的接触の存在を無視していることになります。教室の中の性的少数者の存在を無視していることになります。かれらは、その後の性行動で「コンドームが有効」といっても、コンドーム＝避妊のためという認識があるため、自分のこととして予防行動をとれないという現実もあります。

発達の段階を踏まえること

発達の個人差があるとはいえ、義務教育の最終期間である中学生が包括的な性教育を受けることは、重要です。それが「発達段階を踏まえる」という規定により制限されていることは、国際標準から大きく外れているといえます。

（中野久恵）

Q37 東京都教育委員会編集の『性教育の手引』はどんな内容？

東京都教育委員会は2004年に『性教育の手引』（以下、『手引』）の小学校編と中学校編を、05年に高等学校編と盲・ろう・養護学校編を改訂発行しました。これは03年の都立七生《ななお》養護学校での性教育に対するバッシング、および同年の学習指導要領一部改正を契機に、「適正な性教育の実践に向けて有効に活用されるよう」に作成されたものです。

改訂にあたっては、子どもたちの「心身の発育・発達の早期化に加えて、性情報の氾濫や規範意識の低下、性意識の多様化などをはじめ、未成年者の性感染症や人工妊娠中絶の増加などが社会問題ともなって」いるという認識のもと、「学習指導要領の趣旨を踏まえ」、「社会環境や価値観の多様化等の変化に柔軟に対応すること」が方針となっています。

「学校における性教育は、児童・生徒の人格の完成を目指す『人間教育』の一貫であり、『生命の尊重』『人格の尊重』『人権の尊重』などの根底を貫く精神である人間尊重の精神に基づいて行われるもの」であり、「人間の性を人格の基本的な部分とし、『生理的側面』『心理的側面』『社会的側面』などから総合的にとらえて指導する」ものだと定義し、学校は、子どもたちが「適切な意志決定や行動選択ができるよう性教育を充実させていく必要がある」と、その意義を記しています。

この『手引』の内容は、前半に学校における性教育の基本的な考え方や学習指導要領における取り扱いなどを含む「基礎編」と、各学校段階における性教育の進め方や、各学校段階および子どもたちの発達段階に応じた指導内容、実践例を含む「小学校編」「中学校編」「実践編」（高・養）、そして、Q&A（小・中）や性に関する意識等の調査データや関連通知・通達文（高・養）を含む「資料編」の三構成となっています。

性教育の意義などを見ると、多様な子どもたちの発達課題を前提にした「包括的性教育」の要素をもつものとも見えます。実際に高等学校編には「性教育の理解を深めるために（1）」というコラムで、「包括的性教育」の土台をつくったSIECUS（アメリカ性情報・教育評議会）によるセクシュアリティの説明や、「生物学的性」「社会的、文化的性」「性的指向性」（異性にひかれる、同性にひかれる、両性にひかれる）の説明も記載されています（ただし、ほぼ同様の体裁の盲・ろう・養護学校編では記載なし）。

しかし内容としては以下のように多くの問題があります。

①東京の実態が見えない

性教育は「児童・生徒及び地域の実態に即し」て実施することが記されていますが、『手引』では、「地域の実態」である東京都の子どもたち、若者の性に関する実態がまったく記されていません。東京都について書かれているのは高・養「資料編」の「東京都におけるエイズ対策（福祉保健局）」のみで、これも若者の実態を記した資料ではありません。人口が集中し、さまざまな資源、機会も集中しているという東京で、性感染症報告数の多さ(1)、若年層の人工妊娠中絶件数の多さ(2)といった特殊な「地域の実態」が無視されたものになっています。さらに各区市町村の実態を見れば、各地域で必要とされる性教育について考えることができるはずです。

②画一的な発達段階

性教育においては「発達段階に即した指導」が求められていますが、上記のような東京という地域の実態を見ない中で、「学習指導要領に示されている各教科等の目標、内容及び内容の取扱いは、児童・生徒の発達段階に即して設定されていることから、これらを踏まえて授業を行うことが、児童・生徒の発達段階に即した指導である」と述べられています。学習指導要領にある「各学校においては、……生徒の心身の発達の段階や特性及び学校や地域の実態を十分考慮して、適切な教育課程を編成する」ということや、『手引』に記載された「地域の実態」を無視した画一的な「発達段階」観となっています。各学校がおかれた地域の実態、子どもの実情を踏まえて性教育の内容を各学校で編成すべきです。

③学習指導要領の大綱的性質の説明の不明瞭さ

小・中の「資料編」では、「社会環境の変化や性に関する課題が山積みされているが、学習指導要領の範囲で応えることが出来ると考えているか?」（Q10）といった質問に、「学習

(1)　厚生労働省「感染症発生動向調査」。梅毒は全数把握、性器クラミジア感染症、性器ヘルペスウィルス感染症、尖圭コンジローマ、淋菌感染症は定点把握。HIV／AIDSに関しては、厚生労働省「エイズ発生動向年報」を参照。

(2)　厚生労働省「衛生行政報告例」を参照。

指導要領は法令に基づいて国が定めた教育課程の基準であり、各学校の教育課程の編成実施に当たってはこれに従わなければならない。この場合、学習指導要領に示す教科等の目標、内容等は中核的な事項にとどめてあり大綱的なものとなっているので、学校や教員の創意工夫を加えた学習内容が十分展開できるようになっている。課題が山積みされていればそれを構造化し、その中核をとらえて対処することができる。」（A10）と回答しています。

この回答は、学習指導要領に「従わなければならない」や「大綱的」「中核」といった言葉が並び、意味を把握することが非常に難しい文章になっています。言葉通りにとらえるならば、学習指導要領は、各学校が子どもや地域の実態を考慮して性教育のカリキュラムを編成するための大綱的なものであるという性質に従い、現代的な課題の本質的な問題と重なる単元等で、教員が工夫して、その課題を扱っていく、ということになるでしょう。

このように、学習指導要領の大綱的性質に従って、明確に回答する必要があります。

④性器の名称への過度な意識と男性中心的指導観

小学校低学年の子どもから男女の「おちんちんの有無」や働きについて発言が出た際、「ペニス、ワギナという名称を教える必要はない」「性器の働きについては、おしっこが出るところであること」を教え、「性器の名称を言うとしても低学年の児童や幼児に対しては『おちんちん』などの幼児語や家庭で話されている言葉でよい」と記しています。

ここでの問題は、都教委が学習指導要領に記載のない「ペニス、ワギナ」という名称の使用に必要以上に過敏であることだけではなく、女性の性器を無視するような記載です。「おちんちんのある男の子、おちんちんのない女の子」では、個々に性器をもつ存在として対等な位置づけになっていません。こういった記載は非常に男性中心的なものです。自分の体を大切にするためには、自分の体について知ることから始まります。

⑤個性と性別特性論の混在

『手引』には、「性役割意識が少しずつ芽生える」小学校低学年の段階から「古い時代の固定的な性役割に偏ることなく」、「家庭における役割は、男女の別なく分担し」といったことが指導内容として記載されているにもかかわらず、中学校段階では「男女の生き方の多様性について理解するとともに、家庭や社会における期待される役割や男としてまた女として自己の将来の生き方について考えられるようにする」、さらには「近年、男女の身体的・心理的違いを無視した平等観を求める傾向が一部に見受けられるが、男性あるいは女性としての特性に基づく指導が重要である」ともあり、高校段階では心理面の「発達課題」として、「男女ともに、性の違いによる望ましい役割を理解するとともに、人間としての在り方・生き方を重視した認識をもてるようにする」と記されています。

「性の違いによる望ましい役割」は性別特性論であり、現代社会で求められている男女平等や男女共同参画社会の理念[(3)]から大きく外れるものです。「固定的な性役割に偏ることなく」個性豊かな「人間として」発達することを手助けすることが必要なはずです。

(3)「男女共同参画社会基本法」(1999年制定)では、「男が、互いにその人権を尊重しつつ責任も分かち合い、性別にかかわりなく、その個性と能力を十分に発揮することができる男女共同参画社会の実現」が求められています(傍点は筆者)。

⑥異性愛中心主義

すべての学校段階において、「異性への関心が高ま」ったり、「異性への接近欲が強まったり」することが前提となっています。先にも述べたように、高校編ではコラムとして同性愛と両性愛を含む「性的指向性」の解説がありますが、「性同一性障害」「同性愛」は「個別相談時の対応」の相談事例としてのみとなっていて、学習内容としてはまったく位置づけられていません。

高校生の「男女の人間関係」における「発達課題」では、あえて「異性愛（恋愛・夫婦愛）」について理解できるようにすることが求められています。また「家庭」についての学習内容として「様々な家族の形態や多様な価値観について」がありますが、こういった前提では、「様々」「多様」も十分に開かれたものにはなりません。

発達段階的に見れば、小学校高学年前後から、自分の「性的指向性」が異性に向くのか、同性や両性に向くのかということに気づき始めます。憲法および教育基本法にも定められている教育の機会均等に鑑みれば、さまざまなセクシュアリティの子どもたちが、自分の性について学ぶ機会を保障しなければなりません。

⑦意思決定の限定

『手引』における性教育では「適切な意志決定や行動選択」、「判断力や行動力」の育成が求められていますが、それらの「行動」は「社会的に適切な行動」と限定し、「社会環境への適応の視点を踏まえる必要がある」とも記されています。これは「意志決定」ではなく、結果的な態度や行動の「強制」です。

　また、『手引』では「性情報の氾濫や性犯罪の増加等を理由に学習指導要領に示されていない内容を指導することによって、生徒に無用な混乱や戸惑いを起こさせないように配慮する必要がある」ともいっています。つまりこれは、子どもたちに自分が今生きている現実について考えさせない（意思決定させない）といったことにつながるものです。

　本来ならば、「性情報の氾濫や性犯罪の増加等」といった子どもたちの生活実態から出発し、その中で自他の性を大切にして生きるためには、どのような「知識」や「つながり」が必要であるかということを、ともに考えていくような学びをつくっていくことが重要です。

　以上のように、この『手引』は東京都で生きる子どもたちの現実ではなく、学習指導要領という「中核」的、つまり画一的な「発達段階」にもとづく学習指導要領ありきで、現実の多様性や子どもたちの複雑な「発達課題」をとらえた「包括的性教育」とは異なる部分が多々あります。

　『手引』にもある通り、「自己の性を肯定的に受容できるようにすること」を求めるのであれば、以上のような問題を解決するよう改訂する必要があります。


（渡辺大輔）

Q38 『ガイダンス』には障がいをもった人の性教育はどう書かれている？

『国際セクシュアリティ教育ガイダンス』の大前提として、「すべての人々」を対象としているということがあります。したがって、障がいをもっていても、この『ガイダンス』の対象であるということに疑いの余地はありません。加えて、『ガイダンス』では、脆弱性《ぜいじゃくせい》(vulnerability) ないし脆弱な (vulnerable) という単語が頻繁に使われています。『ガイダンス』の序論では、「子ども・若者は、すべて、性的虐待、性的搾取、意図しない妊娠、ＨＩＶを含む性感染症などに対して脆弱性を持っている」とした上で、「他の子ども・若者よりも、脆弱性の高い子ども・若者がいる。例えば、児童婚させられている思春期の女子、すでに性的にアクティブな子ども、あるいは障がいを持っている子どもなどである」と示しています。つまり、子ども・若者はすべて脆弱性をもっており、その中でも特に脆弱性《ぜいじゃくせい》の高い子ども・若者がいて、その例として「障がいをもった子ども・若者」があげられているということです。

このような考え方を前提しているので、『ガイダンス』を通読しても、「障がい」という言葉が使われている部分は非常に限られています。学習目標の表の中で、「障がい」という言葉が登場するのは４か所にすぎません。

その1つ目は、「障がいや健康状態は、友情や人間関係を築いたり、愛情を与えたりすることへの障壁とはならない」という考え方です。この『ガイダンス』では、人間は多様であるということの理解を早い段階の課題としていますが、その一環ととらえられます。日本では、「障害理解教育」といわれるものがありますが、これを乗り越え、「多様性理解教育」の中に「障がい」も含まれるというとらえ方が求められるのではないでしょうか。

残りの3つは、誰もが、親になるかどうかを自ら決定する権利をもつ、敬意に値するかけがえのないからだをもっているなどの考え方を示している部分の、「誰もが」の前に「障がいのある人を含む」がおかれているという形です。文脈上、わざわざ「障がい」を特筆しなくても、「障がいのある人が含まれている」ことは自明な部分であるにもかかわらず、わざわざ特筆をしたことは、時折、特筆しないと、ついつい障がいのある人のことを忘れてしまうおそれがあることへの警鐘ととらえられるのではないでしょうか。

最後に、「……すべての情報は、学習者の認知能力に一致させるべきであり、知的障がいや学習障がいのある子どもや若者にも注意が払われるべきである」という一文に着目しておく必要があります。ともすると認知能力の低い障がい者には性教育を行わなくてもよいという誤解を招くおそれもある一文ですが、もちろん、それは『ガイダンス』の意図にはそぐわない解釈です。どんなに重い障がいをもっていても、一人ひとりの認知の力に合わせた丁寧な方法ですべての情報を伝えていくべきであると理解するべきでしょう。

（伊藤修毅）

COLUMN

TRY it With 性教協！

「性教協」とは、一般社団法人“人間と性”教育研究協議会の略称です。

性教協は、1982年4月に、民間の全国組織の教育研究団体として発足しました。会員数約90名でスタートしましたが、現在、性教協の会員数は約700名となっており、教員、医療・保健専門職、福祉職、心理職、保育・学童保育・青少年関係、研究者など多種多様な職種および保護者・市民の方々が集っています。全国の都道府県で38のサークルが活動しているので、各地で学びへのアクセスができるようになっています。

性教協は、「科学・人権・自立・共生」の4つのキーワードのもとに、子どもの切実な学びの要求にこたえ、たくさんの性教育の実践を積み重ねてきた研究運動団体です。主な活動として、①毎年、全国夏期セミナーを開催し、模擬授業と分科会で性と性教育に関するさまざまなテーマで学習と交流を行っています。記念講演や理論講座・トーク＆トークなど、学びのプログラムが満載の充実した3日間です。②「理論と実践講座」として、毎年1月に、その年ごとのテーマを深めるために、講座やシンポジウムを中心とした学習会を開いています。③会報「人間と性」を年10回発行し、会員のみなさんにお届けします。④性教協や会員のみなさんが実践書から理論書までたくさんの本を出版しています。エイデル研究所から発行している性教協編集の『季刊 セクシュアリティ』は日本で唯一の性教育の専門雑誌です。

あなたもぜひ性教協の会員になって、ともに学びあいませんか。性教協ホームページ http://www.seikyokyo.org/ から、「入会のご案内」をクリックすると、新規入会の申し込みができます。性教育への新たな学びにともにチャレンジしていきましょう！

（性教協事務局長 中野久恵）

Ⅳ

世界の流れと日本のいま、これからの課題

世界人権宣言が採択されて2018年で70周年になります。国際社会で人権と性のテーマは前進しているのでしょうか。本章では国際社会における性と性教育の現状について、世界人権宣言から性に関わる個別のテーマの条約や宣言等を見ていきます（Q39）。

そしていくつかの国の性と性教育に関わる現状をレポートします。政権が変わったことでまた新たな局面を迎え、民間団体との連携も活発な韓国（Q40）、中国や国際社会との関係の中、また多くの「原住民」が暮らすことも人権のとりくみを重視することと結びついており、同性婚の成立に向けた動きが具体化する台湾（Q41）、そしてセクシュアル・リプロダクティブヘルス／ライツの国際的な取り組みに対して大きな打撃となってしまうアメリカのグローバル・ギャグ・ルールの現状と課題（Q42）、性教育のとりくみの長いフィンランドやフランスの性の現状、そしてヨーロッパ諸国ではどのような性教育のスタンダードにもとづいているのか（Q43、44、45）の項目を立てました。

こうした世界の状況を踏まえつつ日本の性教育は国際社会からどう見られているのか、批准している人権条約の勧告のうち性に関わる内容から見ていきます（Q46）。さらに日本で性教育を進めるにあたってどのような課題があるかを宗教と多様な性のとりくみの現状から（Q47、48）、また前進するにはどのような制度や連携が必要かを提起します（Q49、50）。

（良　香織）

Q39 国際社会で人権と性のテーマはどう扱われているの？

人権思想のあけぼのはマグナ・カルタ（1215年）にさかのぼります。その後、アメリカ独立宣言（1776年）やフランス人権宣言（1789年）を経て、近代市民社会の原理が確立されます。オランプ・ド・グージュのように女性の権利宣言（1791年）を掲げた人物も登場しますが、人権に関わる宣言の多くは一部の階級・男性を対象としたものでした。その後、人権思想は二度の世界大戦によって大きく後退し、人権擁護制度の確立にいたっては大戦後まで待たねばなりませんでした。

戦後、国際連合が国際平和の創出・維持と、すべての人の人権保障を目的として作られます（1945年）。国連によって出された世界人権宣言（48年12月10日採択）の2条には「すべて人は、人種、皮膚の色、性、言語、宗教、政治上その他の意見、国民的若しくは社会的出身、財産、門地その他の地位又はこれに類するいかなる事由による差別をも受けることなく、この宣言に掲げるすべての権利と自由とを享有することができる」とあります。「すべての人民及び国家が達成すべき人権の共通基準」に性的人権も含まれた画期的な宣言です。世界人権宣言を具体化するために、66年に「経済的、社会的、文化的権利に関する国際規約（社会権規約）」と「市民的、政治的権利に関する国際規約（自由権規約）」が国際人権条約として採択[1]されました。

その後、個別のテーマにおいても人権基準の条約化が進みました。ジェンダー平等に関わっては、世界人権宣言以降も男女間格差や不平等の解消に結びつかないという現実があり、国際的な課題として取り上げる動きが起きました。1975年の国際女性年を経て、女性差別撤廃条約（79年）が採択されます（日本の批准[2]は85年）。本条約は、法律、教育、労働、保健、結婚、国籍等、さまざまな分野における女性に対する差別撤廃と、ジェンダー意識の形成に影響を与える慣習や慣行の修正や廃止を締約国に求めるものです。

子どもの権利に関わっては、子どもの権利宣言の30周年に、子どもの権利条約（89年）が採択されました（94年批准）。同条約は性を含む、あらゆる差別を禁止し、条約に掲げる権利を尊重ならびに確保することを掲げています（2条）。性教育は、まさに条約にある子どもの最善の利益を考慮（3条1項）することであり、「あらゆる種類の情報及び考えを求め、受け、かつ伝える自由」（13条）と、子どもの生存及び発達を可能な最大限の範囲において確保（6条）することです。とりくむにあたって子どもの意見を尊重（12条）することも重要となります。

障害者権利条約は2006年に国連で採択されました（14年批准）。「私たち抜きに、私たちのことを何も決めないで！」というスローガンに表れているように、条約策定のプロセスから、権利行使の主体としての障害者を位置づけている条約であるといえます。性に関わっては、障害のある女子の複合差別に対して、人権を守る対策をとること（6条）や、婚姻をし、

（1）　採択＝各国代表者が集まって、話し合い、国際条約の内容に合意し、調印すること。人権条約の場合、国連総会の決議で、条約案の採用を決めています（肥下彰男・阿久澤麻理子編著『地球市民の人権教育――15歳からのレッスンプラン』解放出版社、2015年）。

（2）　批准＝国が、署名した条約について、その条約に拘束されること（つまり書かれた内容を守ること）への同意を最終的に表明すること。その手続きは、憲法の規定にしたがって、日本では国会の承認が必要です（前掲書）。

家族をつくる権利が認められること、子どもの数や出産の間隔を自由にかつ責任をもって決定する権利を認めることを締約国に求めています。「生殖及び家族計画」のために必要な情報及び教育、支援を受けることができること、生殖能力を保持すること（23条）が掲げられています。また、利用しやすい保健及び保健計画を提供することを掲げています。これには性及び生殖に係る健康並びに住民のための公衆衛生計画の分野のものを含みこむものです（25条）。

多様な性（LGBT、SOGI）に関わっては、2006年のジョグジャカルタ原則等で関連した教育を受ける権利が明記され、08年には国連総会で性指向（性的指向）に関する宣言が提出されました。11年にはユネスコより「同性愛嫌悪によるいじめと万人のための教育に関するリオ宣言」が出されました(3)。また人権理事会は11年6月、性的指向と性同一性に関するものとしては初の国連決議となる決議を採択、これを機に国連人権高等弁務官事務所は初の正式な国連報告書や行動計画書等を作成しています(4)。

世界人権宣言が出されてから70周年になり、人権拡大の世紀といわれるように、人権と性のテーマは前進している部分もありますが、課題は山積しています。締約国が国際法にもとづいて国内法の整備をするにあたっても、さまざまな壁があるといえます。人権や性に関わる国際条約の内容や勧告（Q46参照）を見ると、日本の問題がより見えてきますし、実践を確かなものにするためにも依拠しうるものが多くあります。

（艮　香織）

（3）橋本紀子・田代美江子・関口久志編『ハタチまでに知っておきたい性のこと　第2版』大月書店、2017年。

（4）国際連合広報センター http://www.unic.or.jp/activities/humanrights/discrimination/lgbt/

Q 40

韓国の性や性教育に関わる状況は？

２０１７年５月に、朴槿恵《パククネ》前政権の失政に対する国民の怒りのロウソク集会から、文在寅《ムンジェイン》政権が発足しました。この文政権下でも、性や性教育に関わるさまざまな問題は起きていて、18年1月、#MeToo運動(1)に呼応し、現役女性検事がテレビの生放送に出演し検察内部にひそむセクハラの実態を語りました。その後、#MeTooは学校、政治や文化芸術の分野などへと広がっています。韓国社会に慣行のように蔓延《まんえん》する性暴力について、加害者や傍観者ではなく、被害者の責任だけが攻められます（#MeToo運動が高まる中で、加害者3人が自殺をし、その家族たちは学校にも行けず仕事もできなくなるという被害を孕《はら》みましたが）。

韓国社会が、このような現状にどう対応しているのか、関連する省庁の動きから見てみたいと思います。現在、女性家族部長官を委員長に、12か所の関連省庁でセクハラ・性暴力の根絶対策を推進する計画で、公共部門は女性家族部、民間事業所は雇用部、学校は教育部、文化芸術系は文化体育部などが積極的に対応するようにしています。

#MeToo #WithYou運動から国家水準学校性教育標準案改編へ

２０１７年７月に、女性家族部に就任した長官（大臣にあたる）は、15年に教育部が出し

(1) #MeToo運動
２００６年アメリカで、若い黒人女性の性暴力被害者のために活動したタラナ・バーク（Tarana Burke）によって「Me Too」のスローガンが使われ始めました。17年には、ハリウッド女優アリッサ・ミラノ（Alyssa Milano）が、セクハラや性暴力などの被害者の女性にむけて、ソーシャル・ネットワークのSNSで「#MeToo」と声を上げるように呼びかけ、告発運動が展開されました。加えて、SNSで性暴力を告発した被害者の「#MeToo」を支持し応援する「#WithYou」（あなたといっしょに）運動も広がりました。

た国家水準学校性教育標準案（幼稚園から高校までの性教育の内容を定める。以下、標準案）には人権の価値より対応力だけを強調する側面があるとして、教育部に再検討を提案し、その論争が拡散されました。標準案では、強力な社会通念によって、多様性（性別自認、性指向、家族のあり方、ライフスタイル等）が排除されているのです。全体を通して性に関わる固定観念を強化するような内容となっていますし、性暴力の内容についても誤った叙述が散見されます。女性家族部のこの提案に対して教育部は、民官協力体（民間と政府の協力）を構成中だが、多様性などは標準案に入れない方針を表明しました。

ところが、性差別・性暴力被害の実態と #MeToo 運動の拡散がきっかけになり、18年3月、社会副総理兼教育部長官は、性と性教育について、女性家族部と保健福祉部の意見を十分に反映して、総合的な対策を設けることを発表。それにしたがって、性暴力の対応だけではなく、人権保障、ジェンダー平等、民主市民教育の観点を反映した標準案に改編する方針を打ち出し、18年下半期に諮問会と公聴会などを通して意見を受け入れ、19年上半期に改編案を確定・普及する計画を立てています。

標準案は禁欲主義的で多様性が排除されている点に批判を受けていましたが、保健部分だけで扱うのではなく、普遍的な人権とジェンダー平等など新しい観点から再構成するために積極的に検討すると発表したので、学校における包括的な性教育ガイドラインになることが期待されます。

人工妊娠中絶（堕胎罪廃止）の合法化をめぐって

２０１８年5月に憲法裁判所の大法廷では、人工妊娠中絶（堕胎）する女性を処罰する韓国刑法の違憲性を審査する公開弁論が開かれました。女性家族部は政府の省庁で初めて「堕胎罪」廃止を求める意見書を提出しましたが、法務部が出した違憲ではないという意見書には、女性に対する差別的な表現があったため、韓国社会に大きな波紋が広がり、法務部はその言葉を撤回する事態になりました。

安全で合法的な中絶のために「堕胎罪」廃止を求める女性団体の動きが活発になっている一方で、胎児の生命権を強調する宗教団体等の反発もあります。胎児の生命権か母親の自己決定権か、あるいは全面禁止か全面許可か、という二分化され、対立した議論を乗り越える論議が求められています。

日本軍「慰安婦」被害者e-歴史館(2)

女性家族部では、人権を基盤とした教育の一環として、性暴力や子どもの性暴力、そして日本軍「慰安婦」問題にとりくんでいます。

日本軍「慰安婦」被害者e-歴史館では、小・中・高等学校用の教材や映像などを見ることができます。特に、資料館では被害者ハルモニの証言と映像、写真があり、貴重な歴史資料館であることが感じられます。また、アニメーションの「少女の話」「終わらない物語」は英語と日本語でも見ることができるようになっています。

(2) 日本軍「慰安婦」被害者e-歴史館 http://www.hermuseum.go.kr/PageLink.do#

２０１７年３月、〝平和の少女像〟がドイツに建てられました。世界で７か所目です。韓国の慰安婦ハルモニの歴史的な苦痛の象徴であることを超えて、全世界の女性たちの問題と戦争被害者たちの問題に対する女性の人権と尊さの象徴として世界に広がりを見せています。

行政と民間団体ネットワーク

女性家族部の一部局である韓国両性平等教育振興院が、性教育を行う専門講師を対象としたセミナーを開催しています。２００８年女性家族部の機関である青少年性文化協議会が発足し、民官（民間と政府の協力）の青少年性文化センターが全国に作られました（現在58か所）。青少年の人権保障を目的として発足したタクティン(3)や、ソウル市の予算とＹＭＣＡの予算で運営されているＡＨＡ！(4)といった、学校への出張型の性教育・研修、性教育バス（教材が装備され体験的に学習できる）、出版などを行っている民間団体も参加しています。

（朴　恵貞）

（3）タクティン
http://www.tacteen.net

（4）ＡＨＡ！ソウル市立青少年性文化センター
https://www.ahacenter.kr:46165/about/aha

Q41 同性婚に向けた動きが具体化している台湾の性や性教育に関わる状況は？

台湾では、2017年に憲法解釈を行う司法院大法官会議において、同性間での婚姻を認めない現在の民法は憲法違反であり、2年以内の民法の改正、そうでなければ、現行の法律のまま同性婚を受けつけるという判断が下されました。現時点ではまだ同性婚は法的に制定されていません。

台湾は中国や国連との難しい関係性の中で、さらには1987年まで続いた戒厳令[1]と、その解除からの民主化政策の中で、国際的な地位を安定させ高めるためにも「人権」を重視してきた歴史があります。2014年に中国とのサービス貿易協定に反対する学生らが議場を占拠するデモを行うなど、若者の政治意識も強く見られます。そのような中で、同性婚制定の可否も政治的争点となっていました。

戒厳令解除以降、女性運動も興隆し、2001年に両性工作平等法（男女就労平等法）が制定されました。教育に関しては、1997年に教育部（文部科学省にあたる）に、両性平等教育委員会が設置され、2001年教育改革による「小中9年一貫課程」の中に、性行為や避妊、性感染症予防などの内容が盛りこまれました。委員会では、両性平等教育法案が検討されていましたが、その途中の2000年に、トランスジェンダーだと推測される男子中学生

（1） 台湾の戒厳令
第二次世界大戦における日本の敗戦後、中国大陸から渡ってきた国民党による一党独裁が始まりました。反対派の市民を武力弾圧した「二・二六事件」（1949年）の後、軍部によって統治する戒厳令を発しました。

が学校のトイレで倒れているところを発見され、亡くなったという事件が起こりました。この生徒は「女っぽい」ことを理由にトイレでズボンを脱がされるなどのいじめを受けていました。このことを受け、検討されていた両性平等教育法案は、ジェンダーや性的指向の尊重もその内容に含む性別平等教育法（ジェンダー平等教育法）として、04年に制定されました（07年に両性工作平等法も性別工作平等法に改正）。

　この性別平等教育法は、「ジェンダーにおける実質的平等を促進し、ジェンダー差別を解消し、人格の尊厳を擁護し、ジェンダー平等な教育資源および教育環境を醸成し、建設する」（1条）ことを目的に、「学校はジェンダー平等な学習環境を提供し、安全なキャンパス空間を確立しなければならない」（12条）、「学校は、ジェンダーあるいは性的指向に基づく不利な状況にある学生に対し、状況を改善して、積極的な援助を提供しなければならない」（14条）、「国民中小学は、性別平等教育を全課程に融合させることのほか、毎学期、性別平等教育に関係する課程と活動を少なくとも4時間実施しなければならない」（17条）と定めています。08年には「小中9年一貫課程綱要重大テーマ」に性別平等教育を位置づけ、小学5・6年生で、多様な性的指向の理解、中学1~3年生で、その尊重を学習することになりました。。

　このように性に関する教育の法的基盤はあるものの、同性婚の議論の高まりとともに、そういった内容を削除させようとする反対派による運動も可視化してきました。

（渡辺大輔）

〔参考文献〕

倉元綾子「台湾におけるジェンダー平等教育と性教育」『家政学原論研究』44巻、2010年
張莉・坂本絢香「台湾における性教育――『学校性教育【工作指引】』の紹介」『季刊セクシュアリティ』65号、エイデル研究所、2014年
瀬地山角編著『ジェンダーとセクシュアリティで見る東アジア』勁草書房、2017年
渡辺大輔「台湾における『性別平等教育』の現在――性別平等教育協会に聞く」『季刊セクシュアリティ』86号、エイデル研究所、2018年

Q42 アメリカの政策が国際社会の性と人権に及ぼす影響とは？

子どもを産むか産まないか、産むならいつ何人産むかを自分で決め、必要なサービスを必要な時に受けることができる、これはセクシュアル・リプロダクティブ・ヘルス／ライツという国際社会が認めたすべての女性の基本的人権です。避妊、妊娠、出産、性感染症（ＳＴＩ）やＨＩＶ／エイズについて必要な知識・情報をえること、予防や治療のサービスを受け、安全で効果的、経費も手頃な避妊法を自由に選んで実行する、望まない妊娠をしたら、妊娠を継続するか中断するか、自分で決められる、なども含まれます。

ところが、保健医療分野で世界最大の支援国であるアメリカのトランプ大統領が２０１７年１月就任直後に導入した「メキシコシティ政策(1)」、通称グローバル・ギャグ・ルール（ＧＧＲ）により、この基本的人権を侵害する深刻な事態が起きています。

ＧＧＲとは、アメリカの資金で開発途上国を支援する団体は、資金の出所がアメリカか他国かにかかわらず、①人工妊娠中絶手術、②中絶についてのカウンセリングや医療機関の紹介、そして③合法で安全な中絶を可能にするよう求める活動を行うことを禁止する政策です(2)。中絶が合法の国でも、アメリカの支援を受ける場合、中絶は実施できなくなります。そして、この政策を受け入れなければ、中絶に関連するサービスだけでなく、家族計画、母子保健、

(1)　メキシコシティで国際人口会議が開催された１９８４年に、当時の共和党のレーガン大統領が初めて導入したことからついた名称。GGRは、口封じの世界ルール、と訳されます。

(2)　妊娠の継続が命の危険に関わる場合、妊娠がレイプ、近親姦による場合、そのカウンセリングや中絶後のケアは対象となりません。

(3)　国際家族計画連盟（IPPF：International Planned Parenthood Federation）の加盟団体29か国への影響が報告されています。https://www.ippf.org/jp/news/

(4)　"How Many Foreign NGOs Are Subject to the Expanded Mexico City Policy?", Kellie Moss and Jen Kates, Kaiser Family Foundation, December

栄養、ＨＩＶ／エイズ、マラリア、結核等の感染症予防・治療等への支援も打ち切られます。

ＧＧＲは、１９８４年、当時の共和党（人工妊娠中絶に反対するプロライフ派が主流）のレーガン大統領が初めて導入し、民主党（女性が人工妊娠中絶を選択する権利を尊重するプロチョイス派が主流）のクリントン政権で93年に廃止され、共和党と民主党の政権交代に伴い導入と廃止がくり返されました。アメリカの中絶論争が、開発途上国支援政策にも影響を与えているのです。

過去のＧＧＲ導入で影響を受けた国々の中絶件数は減らず、避妊具などへの支援が不足し、望まない妊娠と安全でない中絶が増えたと報告されています。今回も、妊産婦ケア、家族計画、ＨＩＶテスト、子宮頸がん検査等のサービスを実施しているクリニックの閉鎖、保健スタッフの大幅な解雇など、女性への支援が縮小される状況が確認されています。(3)

トランプ政権のＧＧＲ導入の影響は、少なくとも22億ドルに上ると試算されています。(4) 一方、1億ドルあれば、2万件の妊産婦死亡、４８０万件の意図しない妊娠、１７０万件の安全でない中絶を防ぎ、あるいは、７０００万個のコンドームを配布して、意図しない妊娠を減らし、ＨＩＶをはじめとする性感染症を予防できます。(5) 望まない妊娠を防ぐ手段を阻まれている女性や少女が世界に約2億２５００万人、途上国で毎年、７００万人の女性と少女が安全でない中絶の合併症で苦しみ、少なくとも2万２０００人が死亡、15〜19歳の少女の死因のトップが妊娠・出産、安全でない中絶が原因といわれています。ＧＧＲは、この状況をさらに悪化する可能性があるのです。(6)

（勝部まゆみ）

2017

(5) グローバル・ギャグ・ルールでどれほどの人命が犠牲になるか (IPPF) https://www.ippf.org/jp/news/human-cost-global-gag-rule

(6) ＧＧＲに対して、世界の421団体が反対する文書に署名し、個別に反対声明を発表するなど抗議の意志を示しました。また、ＧＧＲの影響を最小限に止めるため、アメリカで大統領令が署名された直後、オランダ政府がShe-Decidesという基金を創設、2017年3月2日に資金調達の国際会議が開催され、日本を含む50か国以上が参加しました。追加資金は、国連機関や国際機関、ＮＧＯに配分され、ＧＧＲの影響を受ける人々へのサービスに活用されていますが、資金不足を補うためには、各国政府、国連・国際機関、民間セクター、市民社会によるさらに大きな連携と行動が必要です。"RH+" No. 18. April 2017. "RH+" No. 19. July 2017. 公益財団法人ジョイセフ

Q 43

必修になっているフィンランドの性教育の内容とは？

まず、性をめぐる法制度についていうと、性的同意年齢(1)は16歳で、相手が同性でも異性でも同じです。避妊のためのピルが認められたのが１９６１年、人工妊娠中絶の合法化は70年で、中絶は理由の別なく、原則として個人の自由に任されています。同性愛の合法化は71年、パートナー法成立が２００２年。さらに17年からは、同性愛者も異性愛者と同様の法律婚ができるようになりました。フィンランドは１９７０年代を経て、人間性や個人の幸福に対して、それまでのルーテル福音教会の説く道徳性よりも科学性がより重視されるようになり、性的問題に対しても、適切で健康な性行動を説く医学的・心理学的対応を重視するように次第に変化してきたのです。

フィンランドの教育制度は、基礎教育を行う総合制学校9年制（義務制）、その上に3年制の普通高校（ルキオ）と職業高校、その後に高等教育があります。教育はいずれも無償です。性教育は70年代のはじめから必修で、性に関連する教育は、主に、総合制学校3〜6学年の「環境」と、7〜9学年と高校の「人間生物学」と「健康教育」で扱います。総合制学校は義務制で共通のカリキュラムですが、高校の場合、職業高校は職業教育中心のカリキュラムになるので、最初から「健康教育」という科目はなく、「生物」がある学校も少ないため、

(1) 同意年齢（age of consent）人が他人との契約や行動に対し、法的に効力のある同意を与える能力をもつとみなされる年齢のことで、法律で定められています。ちなみに日本では刑法176条・177条で13歳とされています。これは、明治時代に制定されたもので、遊女などの水揚げの年齢を示しています。それが今でも生き続けているのです。

総合制学校7～9学年の学習内容が重要になります。

ちなみに、2004年のナショナル・コア・カリキュラムにおける7～9学年の「性教育」項目は、「人間生物学」では、▽人間のセクシュアリティや生殖、▽性行動に関連した価値や規範、「健康教育」では、▽セクシュアリティの発達、▽人間性の発達における遺伝と環境、▽人間関係、セクシュアリティ、があげられています。

また、評価基準として次のような点があげられます。

8学年（14歳）「健康教育」：性的健康の基本を知る、避妊の重要性と方法を知る、それを性行動に反映させることができる、責任のある性行動を正しいとする等。

8学年（14歳）「生物」：セクシュアリティの多様な現れ方を説明する、生殖細胞・性交・受精・妊娠経過・誕生などを普通の言葉で説明する。

生徒が知識を習得するだけでなく、自分の言葉で説明し、行動に反映させられるようになることが求められているのです[2]。

また、2006年段階では、7～9学年で性教育にあてた時間は17・3時間であったということですが[3]、性教育に関する教員研修等の整備が進んだ現段階では増えている可能性があります。

2013年に訪問したヘルシンキにあるフィンランド家族連盟では、ちょうど男子向けのインターネット用ゲーム（性知識の獲得を競うゲーム）を開発・発表したところでした。ここは、教員用の性教育ガイドブックの作成や、子どものためのクリニック、男性向け無料の電話相

（2）詳しくは、橋本紀子・池谷壽夫・田代美江子編著『教科書にみる世界の性教育』（かもがわ出版、2018年）参照。

（3）Osmo kontula. Sex education in Finland: National surveys of sex education at grades 7-9 and of sexual knowledge at grade 8. Helsinki: The Population Research Institute, The Family Federation Of Finland. http://www.inseed.org/publ/2008/e-book/presentations/sex_education_finland_pr.pdf.

談などの活動をしています。ユヴァスキュラの公立キルピセン中学校では、歩いて5分ほどの市営病院の一角にある子どものための家族計画アドバイスセンターに、毎年8年生が訪問するようにカリキュラムで決められています。最初は教員が引率して行って、2時間の授業を受けることになっており、クラミジアの尿検査や妊娠テストなどを体験します。ピルも6か月無料でもらえます。

キルピセン中学校では、各クラスで1か月に1回ぐらい午後6時から8時まで親の集まりがあり、10月と3月には、全体の親向けに、健康教育や性教育に関して話し合う〝親の夕べ〟がもたれるということです。このような場でのスクールナースの報告や保護者の意見などが、当面の課題の解決に結びつくだけではなく、新しいカリキュラム作りにも反映するのです。

このように、フィンランドでは、子どもたちの性の権利と健康を守るために、家庭と学校、地域が連携して性教育を進めているという特徴があります。(4)

(橋本紀子)

(4) 詳しくは、橋本紀子『フィンランドのジェンダー・セクシュアリティと教育』(明石書店、2006年)4章、5章参照。

Q44 西ヨーロッパで出生率が最も高いフランスの性や性教育に関わる状況は？

フランスの出生率が高いのは、１９９０年代後半以降、出産と育児を支援する制度が整備されると同時に、不妊治療のために男女とも仕事を休むことができ、一定の条件を満たせば国の保険で治療費は賄えるという環境の整備もあげられます。不妊は疾病であり、カップルの問題とされているので、最初の検査から男女一緒に診察、治療を受けて初めて保険が適用されます。また、法律婚にとらわれず「新しい家族の形」に寛容で、連帯市民協約（ＰＡＣＳ、社会保障や税金の面で法律婚と同等）や同棲など、非婚であっても出産しやすい社会であることも一因です。

性をめぐる法制度についていえば、性的同意年齢はパートナーが異性でも同性でも15歳、避妊が合法化されたのは１９６７年、中絶が条件付きで合法となったのが75年で、２００１年には中絶可能期間の延長や未成年の中絶に対する保護者の同意不要などの改正がなされ、現在は理由の如何にかかわらず、中絶は原則、合法となっています。同性同士のパートナーシップ登録が始まったのが１９９９年、同性婚法の成立は２０１３年。トランスジェンダーの性変更手続きに性別再指定手術の必要がないという法律が成立したのは、16年です。

フランスの教育制度は、小学校５年、中学校４年、高校（リセ）３年で、その後に高等教育があります。義務教育は6～16歳の間の10年で、通常、後期中等教育の1年目で終了となります。カトリック教会の影響が大きかったフランスでは、価値観に関わる性教育や性に関する情報を学校で提供することは１９２０年から67年まで禁止されていました。67年の避妊の合法化を受けて、教育課程基準に性教育が加えられ、73年には性情報特別委員会が設立されて、性の生物学的側面についての教育が始まります。教育省令による性教育の必修化は98年ですが、２００１年の中絶と避妊に関する法律の改定を受けて、学校性教育は教育法典に記載されます。03年の教育省の通知では、性教育の意義を若者の性的健康の支援と性差別主義や同性愛嫌悪との闘いとしており、性教育の内容は生物学的知識とともに人間の心理的、感情的、社会的、文化的そして倫理的な側面を反映するものであるとしています。

担い手としては生物担当教員、教育アドバイザー、医師、看護師、ソーシャルワーカーなどをあげています。ファミリープランニング（家族計画センター）のスタッフも子どもの性教育を担う医療従事者の一員と位置づけられ、週1回程度の学校への出前授業が導入されます（中学校は男女別、高校はいっしょで、少人数のワークショップ形式が多い）。

中高とも保健分野の教科はないので、性教育に関連する事項は、科学の中の生物領域で取り扱われます。２０１５年の教育課程基準（Programmes pour les cycles2,3,4）では、「生命と地球の科学」領域の「人間の体と健康」単元中に生殖とセクシュアリティが取り上げられ、思春期から出産に至るまでの生殖系器官についての説明があります。そこには、また、セクシュアリティの分野で責任のある行動とは何かを説明することもあげられています。

中学校と高校1年では、「生命と地球の科学」（生物・地学）は必修です。２０１１年に「生物」の教育課程基準が変わり、高校の教科書の単元名も「生殖」から「女性と男性」に変更され、内容も性の多様性や性の快楽の側面、生命倫理を含む性の社会的側面なども扱われるようになりました。

中学校の「生命と地球の科学」の教科書は避妊の問題を多く扱い、高校の教科書では不妊の問題や生殖補助医療についても扱っています。高校では、性の多様性を、性分化のプロセスから解説するという特徴があります。

公立中学校の生物の教員は、14歳学年の「生命と地球の科学」で、6週間10時間ほどをかけて人体の生理学的な内容を教えますが、生殖器の解剖生理学的なものに1時間、その他、性の多様性や交際について3時間ほど割いています。この他に出前授業があるのです。

子どもたちはカップルになったらファミリープランニングに相談に行くと考え、親も行くように勧めるという状況があります。このように、この国でも学校と保護者、医療機関や性教育関係ＮＰＯなどが連携して子どもたちの性的権利と健康を守ろうとしていることがうかがえます。

（橋本紀子）

〔参考文献〕
橋本紀子・池谷壽夫・田代美江子編著『教科書にみる世界の性教育』かもがわ出版、２０１８年

Q 45

『ヨーロッパにおけるセクシュアリティ教育スタンダード』はどんな内容？

ＷＨＯ加盟のヨーロッパと中央アジアを含む53か国（イギリスも含む）をカバーしているＷＨＯヨーロッパ地域事務所と、そのコラボレーションセンターであるドイツ連邦健康啓発センターは２０１０年に、『ヨーロッパにおけるセクシュアリティ教育スタンダード　政策者、教育・健康機関および専門家のための枠組』(1)を出しました（以下、『スタンダード』）。その後、『ヨーロッパにおけるセクシュアリティ教育スタンダード　実施ガイダンス』(2)、『養成問題――セクシュアリティ教育者のコアコンピテンシーの枠組』(3)が出されています。

この『スタンダード』は、これまでほとんどなかった欧州各国間の相互交流・相互影響を強めて、各国間にある健康とセクシュアリティをめぐる格差を埋めるべくつくられました。

その特徴は、まず「ホリスティックなセクシュアリティ教育」だということです。全体とそのパーツの相互依存性の重要性を強調する形容詞「ホリスティック（holistic）」をつけることで、意識的に「包括的なセクシュアリティ教育（包括的性教育）」と区別します。ユネスコ『国際セクシュアリティ教育ガンダンス』等で用いられる「包括的性教育」には、「禁欲オンリー教育」に対抗し、グローバルにセクシュアリティ教育を普及させるために、広範な合意をえられる「性の不健康の防止」に重点を限定せざるをえない面があるからです。それ

(1) WHO Regional Office for Europe/BZgA 2010
(2) WHO Regional Office for Europe/BZgA 2013
(3) WHO Regional Office for Europe/BZgA 2017

だけではありません。『スタンダード』はセクシュアリティの局面をホリスティックにとらえるだけではなく、セクシュアリティを誕生から人間の生涯にわたる「人格と性の成長・発達」としてとらえています。

　これに対応して、セクシュアリティ教育もまたホリスティックにとらえられます。すなわち、セクシュアリティ教育は、①セクシュアリティの認知的、情動的、社会的、相互作用的および身体的な局面を全体として学ぶこと、②０歳から始まり青年期と大人期を通じて行われるホリスティックなものであり、③子どもと若者に、自分のセクシュアリティを理解し享受し、安全で充実した関係を結び、自分自身の性の健康と他人のそれに対する責任をとれるために情報のみならず、スキルや肯定的な価値を与えエンパワーさせるものとされています。

　２つ目の特徴は、『スタンダード』が、セクシュアリティとセクシュアリティ教育を扱う際に、６つの基本的なアプローチを採用していることです。それは、①性に対する肯定的アプローチ、②セクシュアリティに対する人権（セクシュアル・ライツ）アプローチ、③子ども・若者の参加アプローチ、④ジェンダーの差異と平等アプローチ、⑤年齢と発達に適切なアプローチ、⑥ダイバーシティ（多様性）アプローチ、です。

　３つ目に、⑤の年齢と発達に適切なアプローチの成果として、子ども・若者の発達段階に応じた性教育の学習内容が提起されています。ここでは子ども・若者の性心理的発達が、Ａ子ども自身のニーズ、Ｂ身体、Ｃ関係、Ｄセクシュアリティの４つの経験領域に関して、０歳から始まる５つの発達段階としてとらえられています。すなわち、「発見と探究」の段階

〔参考文献〕
池谷壽夫「ヨーロッパにおけるセクシュアリティ教育スタンダード——その背景と特徴」『季刊セクシュアリティ』65号、エイデル研究所、2014年
International Planned Parenthood Federation (IPPF) (2006). Framework for comprehensive sexuality education. London.
Sexuality Information and Education Council of the United States (SIECUS) (2004). Guidelines for Comprehensive Sexuality Education: Kindergarten-12th Grade. 3rd Edition.

（0〜1歳と2〜3歳）、「規則の学習、遊びと友だち関係」の段階（4〜6歳）、「恥ずかしさと初恋」（7〜9歳）の段階、「前思春期と思春期」の段階（10〜11歳と12〜15歳）、「大人期への変わり目」の段階（16〜18歳）です。

そして、発達段階ごとのセクシュアリティ教育の課題が、前思春期と思春期を分けた6つの年齢段階にもとづいて（0〜4歳、4〜6歳、6〜9歳、9〜12歳、12〜15歳、15歳以上）、8つの主要テーマ――a人間の身体と人間の発達、b受精と生殖、cセクシュアリティ、d感情、e人間関係とライフスタイル、fセクシュアリティ、健康およびウェル・ビーイング、gセクシュアリティと権利、hセクシュアリティの社会的および文化的決定因（価値・規範）――それぞれについてどのような知識・情報、スキル、態度がその段階で必要なのかが示されています（セクシュアリティ教育のマトリクス、**表**参照）。

このマトリクスは、『ガイダンス』で示されたセクシュアリティ教育プログラムの構造とはかなり異なっています。ユネスコでは4つの年齢段階（5〜8歳、9〜12歳、12〜15歳、15〜18歳以上）で学習目標が提示されていますが、『スタンダード』では6段階で、しかも0〜4歳も含めて課題が提起されています。また、学習テーマも国際家族計画連盟（IPPF 2006）やアメリカ合州国セクシュアリティ情報・教育協議会（SIECUS 2004）、ユネスコよりも広いものになっています。また感情が独立したテーマとして付け加えられているのも特徴的です。

（池谷壽夫）

ユネスコ編／浅井春夫・艮香織・田代美江子・渡辺大輔訳『国際セクシュアリティ教育ガイダンス――教育・福祉・医療・保健現場で活かすために』明石書店、2017年

WHO Regional Office for Europe/BZgA (2010). Standards for Sexuality Education in Europe. A framework for policy makers,educational and health authorities and specialists. Cologne.

WHO Regional Office for Europe/BZgA (2013). Standards for Sexuality Education in Europe. Guidance for Implementation. Cologne.

WHO Regional Office for Europe/BZgA (2017).Training matters: A framework for core competencies of sexuality educators. Cologne.

表　『ヨーロッパにおけるセクシュアリティ教育スタンダード』における発達に応じた学習内容

●**太字**：新規でカバーされねばならない主要なトピックないしはミニマム・スタンダード
●普通字：強化される主要なトピックで、カリキュラムへの導入は選択
◉**太字：新規の追加的なトピック**
◉普通字：強化される追加的なトピック

12〜15歳

テーマ	情報　次のことに関して情報を与える	スキル　次のことができるようにさせる	態度　次のことを発達させるのを援助する
人間の身体と発達	●**身体の知識、身体イメージおよび身体の変形(女性器の切除、割礼、処女膜とその修復、拒食症、過食症、ピアシング、タトゥー)** ●**月経サイクル;二次性徴、男女におけるそれらの機能およびそれに伴う感情** ◉**メディアにおける美のメッセージ;人生を通しての身体の変化** ◉**ティーンエージャーがこれらのトピックに関連した問題で利用できるサービス**	●**自分の身体についての人びとの感情がどのようにかれらの健康、自己イメージおよび行動に影響するかを説明する** ◉**思春期と折り合いをつけて、ピアプレッシャーに抵抗する** ◉**メディアのメッセージと美容産業に批判的な眼でみること**	◉**身体の変形に関連した批判的思考** ◉異なる体形の受容と理解
受精と生殖	●**(若い)母親と父親の影響(子育ての意味一家族計画、キャリア計画、避妊、意図しない妊娠のケースでの決定とケア)** ●**避妊相談業務についての情報** ●**効果のない避妊とその原因(アルコールの飲用、副作用、怠慢、ジェンダー不平等、等々)** ●**妊娠(同性関係においても)と不妊** ●さまざまな避妊具・薬に関する事実と神話(信頼性、長所と短所)●**(緊急避妊薬をふくめて)**	●**妊娠のサインと徴候がわかる** ●**避妊具・薬を適切な場所から、例えば、保健の専門家のところに行って入手する** ●**性的経験をするか否かを意識的に決定する** ◉**避妊について伝える** ◉避妊具・薬を意識的に選択し、選んだ避妊具・薬を効果的に使う	●**(若い)母親と父親、避妊、中絶および養子についての個人的な態度(規範と価値)** ●**避妊に対して相互責任をとることに対する肯定的態度**
セクシュアリティ	●**性的興奮とジェンダーの違いに関連した役割期待と役割行動** ◉**カミングアウト/ホモセクシュアリティを含めての、ジェンダー・アイデンティティと性的指向** ◉**適切な仕方でのセクシュアリティの楽しみ方(自分のペースでする)** ◉最初の性的経験 ◉快楽、マスタベーション、オーガズム	●**親密なコミュニケーションと交渉でのスキルを身につける** ◉**それぞれの可能な選択(パートナー、性行動)の結果、長所と短所を評価したうえで、自由で責任ある選択をする** ◉**セクシュアリティを、尊重した仕方で楽しむ** ◉リアルな生活におけるセクシュアリティとメディアにおけるセクシュアリティとを区別する	●セクシュアリティを学習過程として理解すること ◉セクシュアリティと性的指向における多様性を受け容れ、尊重し理解すること(セックスは相互に同意した、自発的な、平等な、年齢に適切な、状況に適切なもので自分を尊重するものである)

感情	●友情、愛情と快楽の違い ●異なる感情、例えば、好奇心、恋に落ちる、アンビバレンス、不安、恥ずかしさ、おそれ、嫉妬	●友情と愛情を異なる仕方で表現する ●自分のニーズ、願いおよび境界を表現し、他者のそれらを尊重する ◉異なる／葛藤する気持、感情および欲求に対処する	●人々が（かれらのジェンダー、文化、宗教等々とかれらのこれらの解釈のゆえに）異なって感じることの受容
人間関係とライフスタイル	●年齢、ジェンダー、宗教および文化の影響 ◉異なるスタイルのコミュニケーション（言語的と非言語的）とそれらを改善する方法 ◉関係を発展させ維持する方法 ◉家族の構造と変化（例えば、シングル・ペアレント） ◉異なる種類の（快と不快の）関係、家族と生き方	●不公平、差別、不平等に立ち向かう ●友情と愛情を異なる仕方で表現する ●社会的な接触をし、友だちをつくり、関係を築き維持する ◉関係内部で自分の期待とニーズを伝える	●平等で充実した関係をつくりたいという切望 ◉ジェンダー、年齢、宗教、文化等々が関係に及ぼす影響の理解
セクシュアリティ、健康およびウェル・ビーイング	●身体の衛生と自己診察 ●性的虐待の広がりとさまざまな種類の性的虐待、それを避ける方法とサポートを受ける場所 ◉リスクのある（性）行動とその結果（アルコール、ドラッグ、ピアプレッシャー、いじめ、売春、メディア） ◉HIVを含めた性感染症の徴候、伝染、予防 ◉ヘルスケア制度とサービス ◉セクシュアリティが健康とウェル・ビーイングに及ぼす肯定的な影響	●（性行動に関して）責任ある決定と十分に情報を得ての選択をする ●問題のあるケースで援助とサポートを求める ◉安全で楽しいセックスをするために、交渉力とコミュニケーションスキルを身につける ◉不快なあるいは不安全な性的接触を拒否したりやめる ◉コンドームと避妊具・薬を手に入れて効果的に使う ◉リスクのある状況がわかりその状況に対処できる ◉性感染症の徴候がわかる	●健康とウェル・ビーイングに対する相互の責任感情 ◉性感染症/HIVの予防に関する責任感 ◉意図しない妊娠の予防に関する責任感 ◉性的虐待の予防に関する責任感
セクシュアリティと権利	◉国際家族計画連盟と国際性の健康協会によって定義された、●性的権利、 ◉国内の法律と法規（同意年齢）	●自分自身と他者の性的権利を認める ●援助と情報を求める	●自分自身と他者の性的権利の受容
セクシュアリティの社会的文化的決定因（価値／規範）	●ピアプレッシャー、メディア、ポルノ、（郊外）文化、宗教、ジェンダー、法律、社会経済的な地位が性的決定、パートナーシップ、および行動に及ぼす影響	●家族と社会のなかで葛藤する個人（相互）規範と価値に対処する ●メディア・コンピテンスを獲得し、ポルノに対処する	●変化する社会やグループのなかで（柔軟である）個人的なセクシュアリティ観

（出所）WHO Regional Office for Europe/BZgA 2010より池谷作成

Q46 日本の性教育の現状は国際社会からどう見られている？

日本の性教育がどのように「評価」されているかを確認できるような国際的な統計はありません。しかし人権や性に関わる指数や、日本が批准している国際条約の勧告からは日本の現状が見えてきます。以下では教育と関連づけた内容に絞って見ていきましょう。

まずジェンダーバイアスの根深さです。性別による格差を測るジェンダーギャップ指数（ＧＧＩ）では日本は１４４か国中１１４位で記録更新中。女性差別撤廃委員会（以下、ＣＥＤＡＷ）、国際人権規約の社会権規約委員会（以下、ＣＥＳＣＲ）から、再三勧告が出されています。差別的なジェンダーステレオタイプ撤廃のために、教科書や教材の見直し（ＣＥＤＡＷ）、教育や啓発キャンペーン（ＣＥＳＣＲ）等のとりくみが求められています。

セクシュアル・リプロダクティブ・ヘルス／ライツ（性と生殖に関する健康と権利）については、年齢に応じた教育内容について政治家や公務員が過度に過敏な反発をしていることが懸念されており（ＣＥＤＡＷ）、「年齢に応じた教育の内容及び提供に関する公衆の懸念に対処し、学校のカリキュラムに体系的に」組みこむよう示されています。子どもの権利委員会（以下、ＣＲＣ）からも、学内外で10代の妊娠および性感染症の予防を含む、自己のリプロダクティブ・ヘルスに関する権利についての情報を十分に提供することが勧告として出されています。性感染症を含む健康問題に関する教育が「限定的」であることや、学校のカリキュラムやキャンペーン等の意識啓発のための長期的なとりくみが求められています（CRC）。また子どもの売買、子ども買春および子どもポルノグラフィーに関する選択議定書については、とくに学校カリキュラムおよび人権教育を通じ、選択議定書を子どもたちに周知させるようにとの勧告が出されています。

日本軍「慰安婦」問題については、教科書の記述を削除したことへの懸念が示され、生徒・学生や一般の人々に対する教育のとりくみの必要性が示されています（CEDAW、自由権規約委員会＝HRC、CESCR）。

他にも多くの勧告が出されていますが、再三指摘されているものも少なくありません。また1995～2004年は「人権教育のための国連10年」であり、国内では行動計画を取りまとめ、05～09年「人権教育のための世界計画」第一段階は「初等・中等教育機関等における人権教育の推進」を掲げました。しかし同時期に国内では06年頃まで性教育やジェンダーフリーバッシングが起きていました。こうした状況を見ていくと、日本は国際法を軽視しているともとれますし、性が人権として位置づけられていない現状があることがわかります。15年9月の国連サミットでは2030アジェンダが採択され、国内でも「持続可能な開発目標（SDGs）」に向けたとりくみが始まりました。その第3項目～5項目には特に人権や性に関わる内容が含まれています。経済効果のみを重視するのではなく人権を軸とした展開にできるかを注視する必要があります。

（良　香織）

Q47 宗教的な理由で性教育に反対する人もいます。宗教と性教育の関係をどう考える？

わが国の宗教法人総数は18万1645法人で、信者総数は1億8889万人が登録されています。[1] 赤ちゃんも含めた総人口1億2649万人（2018年5月現在）の約1・5倍の宗教人口を数えています。世界の宗教人口は67億4597０万人（百科事典『ブリタニカ』年鑑2009年版）。世界の総人口が直近で75億人なので、信者の状況はいろいろあるにせよ、人々の暮らしと価値観に大きな影響を与えていることは間違いありません。

宗教が人間の生活感覚や考え方にどのような影響を与えているのかは実にさまざまですが、多様性への無理解と非寛容度、とくにLGBTQに対する態度と排除政策、個々人の性的自己決定権への極端な制限、女性の人権への抑圧など、多くの基本的問題を内包していることも事実です。イギリス「ガーディアン」紙は2017年7月、「イングランドとウェールズで同性愛が犯罪ではなくなってから今年で50年になるが、世界ではいまも72の国と地域で同性愛が犯罪となっている。また女性の同性愛も、45の国と地域で違法である」ことを指摘しています。[2]

2000年前後からのジェンダー教育・性教育バッシングには、統一協会と国際勝共連合、産経新聞、一部の大学教授などが全面的に協力してキャンペーンを張りましたが、[3] 現在、さ

（1）文化庁編『宗教年鑑（平成28年版）』（同、2017年）、33～35ページ。

（2）https://www.theguardian.com/world/2017/jul/27/gay-relationships-still-criminalised-countries-report

（3）浅井春夫・北村邦夫・橋本紀子・村瀬幸浩編著『ジェンダーフリー・性教育バッシング――ここが知りたい50のQ&A』（大月書店、2003年）、Q48参照。

らに本格的に行われようとしている性教育・人権教育バッシングは、15年前と比べてかなり組織的な運動として展開されています。

その中心は「日本会議」です。[4]ジャーナリストの魚住昭氏が端的に指摘するように、日本会議は「宗教右派の統一戦線」[5]としての性格をもっています。「日本会議が目指すもの」[6]の「4日本の感性をはぐくむ教育の創造を」では「特に行きすぎた権利偏重の教育、わが国の歴史を悪しざまに断罪する自虐的な歴史教育、ジェンダーフリー教育の横行は、次代をになう子供達のみずみずしい感性をマヒさせ、国への誇りや責任感を奪っています」という〝問題〟をつくりあげ、「健全な教育環境の創造は、私たち一人ひとりの務めでもある」ことを強調しています。

また「日本会議の活動方針」[7]では「近年は、夫婦別姓を導入する民法改正案や男らしさや女らしさを否定する男女共同参画条例が各県で制定され、子供や家庭を巡る環境がますます悪化しています」という現状認識を示した上で、「私たちは、青少年の健全な育成を願い女性運動や教育運動に取りくみます」と提起しています。こうした偏向した現状認識にもとづいて運動が具体化されています。性教育バッシングは「日本会議」のこうした方針が震源となって発信されているのであり、中央本部役員約400名、47都道府県本部役員約3100名を擁する「日本会議の全国ネットワーク」が具体的な動きを作っているのです。[8]これらの一つひとつの策動に、即応的で具体的な対応をすることが運動サイドに求められています。

教育基本法15条には、「宗教に関する寛容の態度、宗教に関する一般的な教養及び宗教の

(4) 青木理『日本会議の正体』(平凡社新書、2016年)。

(5) 『AERA』2016年7月18日号。

(6) http://www.nipponkaigi.org/about/mokuteki

(7) http://www.nipponkaigi.org/about/katsudo

(8) 全国ネットワークにとどまらず、安倍晋三首相も含めて、安倍政権の閣僚の実に7割が日本会議のメンバーです。

社会生活における地位は、教育上尊重されなければならない」ことが明示されています。

宗教は本来的には民衆のしあわせを願うところに原点があります。

人類史的に見れば、宗教の登場は、実際に自らが見える事象、具体的な事物に限られた状況のもとでの認知能力・思考力から、抽象的想像的思考ができる段階に発展してきたことを意味します。抽象的思考力とは、実際に見えないものでも理解したり、イメージしたりする力です。抽象的思考力の発達によって、実際に自分の目で見たり体験したりしなくても、文字やコミュニケーションなどによる情報から広い世界を認識したり、説明を聞いてその事象を具体的にイメージできるようになります。その意味で人間の発達や社会の発展を創造していくちからにもなりうる可能性を宗教はもってきました。

私たちは地上の具体的な問題で、すべての宗教者と連帯できることを願っています。何をどのように信じるかという天上に属する信念・宗教観のちがいはあるにしても、地上で実際に起こっている子どもや人間の深刻な現実に関して、たとえば国際的には紛争地域の難民支援、国内では子どもの貧困への献身的なとりくみなどでは協同して連帯できると確信しています。

いま子どもたちが性的に無知な状況におかれていることは、人生をしあわせに生きる上で大きな障壁です。地上の現実問題でともに手を携えて、子ども・人間を大切にする社会や地域づくりをめざしたいと願っています。

（浅井春夫）

〈参考文献〉
山折哲雄監修『宗教の事典』朝倉書店、2012年
井上順孝編『世界宗教百科事典』丸善出版、2012年

Q48 学校で始まった多様な性に関するとりくみについて、前進した部分と今後の課題は？

文部科学省は２０１０年に「児童生徒が抱える問題に対しての教育相談の徹底について（通知）」[1]を出し、性同一性障害の児童生徒へのきめ細かな対応について呼びかけたことを皮切りに、14年には性同一性障害の児童生徒を対象とした全国調査の内容をまとめ[2]、15年には性同一性障害の児童生徒に対するきめ細かな対応を呼びかける通知[3]を、16年には教職員向けの性的マイノリティに関する資料「性同一性障害や性的指向・性自認に係る、児童生徒に対するきめ細かな対応等の実施について」[4]を作成しています。これらは性別違和を抱える子どもたちが学校生活で直面しやすい制服の問題や、男女別の施設利用（トイレ、更衣室、修学旅行の部屋割りや風呂など）、あるいは希望する性別の通称名での登校を望む場合などに学校側が柔軟な個別対応できることを示したものです。

また法務省人権擁護局は２００２年より「人権教育・啓発に関する基本計画」[5]の中で性的指向、性同一性障害について取り上げてきましたが、法務省・文部科学省による「平成24年度　人権教育・啓発白書」[6]からは人権教育の項目として性的指向、性同一性障害が含まれることになっています。

文科省が資料を出したことによって、学校現場では「制服を女子制服から男子制服に変え

(1)「児童生徒が抱える問題に対しての教育相談の徹底について」（文部科学省初等中等教育局児童生徒課、２０１０年）。

(2)「学校における性同一性障害に係る対応に関する状況調査について」（文部科学省初等中等教育局児童生徒課、２０１６年）。

(3)「性同一性障害に係る児童生徒に対するきめ細かな対応の実施等について」（２０１５年４月30日児童生徒課長通知）。

(4)「性同一性障害や性的指向・性自認に係る、児童生徒に対するきめ細かな対応等の実施について（教職員向け）」（文部科学省初等中等教育局児童生徒課、２０１６年）。

(5)「人権教育・啓発に関する基本計画」（法務省人権擁護局、２００２年）。

(6)「平成24年度　人権教育・啓発白書」（法務省・文部科学省、２０１２年）。

てほしい」「誰にも身体を見られたくないので保健室で着替えたい」といった当事者の児童生徒からの訴えが以前よりも聞き入れられやすくなりました。一方で、この通知を知らなかったり、文科省から性同一性障害の情報ばかりが発信されるために同性愛と性同一性障害の違いがわからないままの教員もたくさんいます。(7) 子どもは一人ひとり異なる存在で、誰ひとりとして同じ当事者はいません。それにもかかわらず、マニュアル的に「修学旅行は一人の部屋にすればいいんでしょ」と同級生らとの交流を楽しみにしている生徒を疎外してしまったり、「性同一性障害の診断がないなら対応しない」などと生徒のニーズに沿わない対応がなされたりという現状があります。多様な性のあり方を尊重し、子どもたちのニーズにあった学校環境を作るために、さらに踏みこんだ教職員研修等が行われているところです。

　自治体独自の動きも活発です。大阪市では淀川区・阿倍野区・都島区が合同で2016年に「性はグラデーション」という教職員向け資料(8)を作成し、インターネット上にも無料で公開しました。これは当事者たちの声をふんだんに盛りこみ「学校の図書館にLGBTに関する本をおく」「ポスターを貼る」など、子どもが安心して過ごせる環境を作る方法にも言及した内容です。倉敷市は17年に「性の多様性を認め合う児童生徒の育成」(9)という小中学校での授業実践をまとめた人権教育実践資料を作成しました。18年には大分県が人権啓発マンガ冊子「りんごの色　LGBTを知っていますか?」(10)を作成し、県内の中高生に配布しています。これらは文科省の通知では性同一性障害に偏りがちだった情報を性的指向を含めたより包括的なものにし、生徒からの個別相談への対応に限らない多様な性に関する情報発信のあり方にふれたものです。現

(7)　宝塚大学看護学部・日高庸晴「教員5979人のLGBT意識調査レポート」(2015年)。

(8)　「性はグラデーション」(大阪市淀川区・阿倍野区・都島区　3区合同ハンドブック)。http://www.city.osaka.lg.jp/yodogawa/page/0000334762.html

(9)　倉敷市人権教育実践資料　http://www.city.kurashiki.okayama.jp/30449.htm

(10)　大分県人権啓発マンガ冊子「りんごの色　LGBTを知っていますか?」。http://www.pref.oita.jp/site/kokoro/lgbt-manga.html

行の学習指導要領では多様な性について明確に触れられていないため、現場の教員たちが多様な性について扱う機会は乏しくなっています。自治体のとりくみは、多様な性について肯定的なメッセージを伝えられる教員を増やす上でも重要な役割を果たしています。

２０１３年に民間団体「いのちリスペクト。ホワイトリボン・キャンペーン」が実施した調査[11]では、子ども時代を関東圏で過ごしたＬＧＢＴ当事者のうち18歳までに周囲の誰にもそのことを打ち明けなかった人は生物学的女子の約３割、男子の約５割にのぼりました。カミングアウトの相手に最も選ばれていたのは同級生で、教員が選ばれることは稀でした。教員に求められているのは子どもからのカミングアウトを待つことではなく、多様な性に関する肯定的な情報を日頃から発信し、子どもたちが安心できる環境を作ることです。私は、普段「にじーず」という10代から23歳までのＬＧＢＴ（かもしれない人を含む）が集まれる居場所を運営しているのですが[12]、親や教員がＬＧＢＴについてどんな価値観を持っているのかをかれらはとても敏感に感じとっていますし、同年齢の理解ある友人を持てることがいかに重要なのかをスタッフとして実感させられています。現在とりくまれている多様な性についての教職員研修をもっと広めると同時に、授業でどう扱うか、生徒間の肯定的なコミュニケーションをどう促進するかといった現場の知恵を共有できるつながりが求められています。

（遠藤まめた）

(11) いのちリスペクト。ホワイトリボン・キャンペーン「LGBTの学校生活に関する実態調査（2013）結果報告書」。http://endomameta.com/schoolreport.pdf

(12) 「10代から23歳までのLGBT（そうかもしれない人を含む）のための居場所・にじーず」https://24zzz.jimdo.com/

Q 49 日本で包括的性教育を進めていくために必要な環境と条件とは？

包括的性教育は国民的課題につながる教育

『国際セクシュアリティ教育ガイダンス』は、「セクシュアリティは、人間の生涯にわたる基本的な要素であり、それは、身体的、心理的、精神的、社会的、経済的、政治的、文化的な側面を持つ」と序論で述べています。「セクシュアリティ」とは人間の性と生全体だといえます。包括的性教育は、このセクシュアリティを学習の対象とするため、市民の健康、福祉、権利、より良い暮らしなどの広範囲にわたる全国民的課題に関わる教育となります。

学校における教員のとりくみ

いま学校には、各教科以外に、「がん教育」「くすり教育」「キャリア教育」など、さまざまな課題が求められている一方で、性に関する指導は、保健体育の学習内容中にすでにあると考えられ、新たな時間の確保は困難だといわれています。まず、他教科担当の教員と包括的性教育に関する理解を深め、実践の方向をつくり出す活動が求められます。「既存の時間の中でどのように性教育を実施できるか」も検討すると、さまざまな学習課題があげられている「人権教育[1]」に大きな可能性があること、「総合的な学習の時間」も活用できることを

（1）文科省は「人権教育・啓発推進法」にもとづく人権教育において、個別的な人権課題として、⑧HIV感染者、⑪インターネットによる人権侵害、⑫その他（性的指向を理由とする偏見、性同一性障害者の人権、人身取引）などをあげています（文部科学省ホームページの「参考資料（2）人権教育・啓発に関する基本計画」参照）。これらは、充分性教育の学習内容となりうるものです。

指摘しておきたいと思います。

制度的基盤づくりが大切

現在の日本に、包括的性教育のような大規模な教育を推進するために必要な制度的基盤はありません。性教育は学習指導要領に統一的な記載がされず、さまざまな教科・科目の中に分散して記述されています。ある程度の指針となっていた文部省編の「学校における性教育の考え方・進め方」は、１９９９年以降改訂もされず、放置されたままなのです。

このような中、制度的基盤をつくるにはさまざまな立場の人々と議論する中で豊かな実践や研究の可能性を拓く必要があります。

若者をはじめとした幅広い「関係者」との対話

『ガイダンス』は、「教育省は、主要関係者と協議し支援することで、セクシュアリティ教育の必要性に関する合意を構築する」として、多くの「主要関係者」をあげています。(2) また若者が一定の役割を果たすことができることや、若者と大人をはじめ、さまざまな関係者間の対話が重要な戦略の一つであると述べています。いくつかの国ではこのような関係者の意見を集めながら諮問会議や特別委員会が設置されていると指摘しています。

日本で、このように幅広い人々に開かれた諮問会議が作られるのは大変困難かもしれません。ただ、２０１７年に１１０年ぶりの改正が実現した刑法の性犯罪規定については、法務

(2)「多様性を代表する若者たちとかれらと活動する組織、親とPTA、政策立案者と政治家、健康や若者のニーズに関する官庁、教員や校長、教員養成機関を含む教育専門家や教育機関、宗教指導者と宗教的奉仕活動を行う団体、教員組合・研究者・レズビアン、ゲイ、バイセクシュアル、トランスジェンダーのグループ、NGO、特に若者とともに性と生殖の健康に関する活動をしている人々、HIVとともに生きる人々、メディア（地方及び全国）、関連する支援提供者または外部の資金提供者」

省で「性犯罪の罰則に関する検討会」が全12回開催され、性暴力防止や被害者支援にとりくむ団体や個人が複数ヒアリングに招かれました。ヒアリング結果には不満が寄せられましたが、当局がその気になれば「主要関係者」を含む幅広い諮問会議を実行できるのです。

長野県の経験～「県民運動」と行政が手を結んで～

地方自治体レベルでは日本にも制度的基盤づくりの実例があります。

長野県では、２０１６年に全国で最後の「青少年健全育成条例」にあたる条例が作られましたが、幅広い県民の論議の中で、他の都道府県の類似条例とは異なり、「子どもを性被害から守るための条例」となりました。この条例では、県は、「学校等における子どもに対する人権教育及び性教育の充実を図るため」「地域における子ども、保護者及び県民に対する人権教育及び性教育の充実を図るため」、教員や県民運動推進の団体等に対する「研修、教材又は参考となる資料の提供その他の必要な支援を行う」と定められています。行政が性教育の必要性を条例の中で述べているのです。そして、県の組織の中に「次世代サポート課」を設立し、「県民運動」としての性教育と人権教育を支援するよう努めています。

こうした制度的基盤を実質的なものにしていくのは、私たちの課題といえます。

（水野哲夫）

Q 50 包括的性教育にとりくむときに活用できる制度は？

日本において包括的性教育に対応した制度はありません。しかし国際法と国内法の中には、人権や性に関わる内容として依拠しうるものを含む制度があります。

人権や性に関わる国際法としては、世界人権宣言、国際人権規約（自由権規約・社会権規約）、子どもの権利条約・選択議定書、障害者権利条約があげられます（Q39参照）。国際法とは、条約に批准すると書かれてあることを実現する責務が生じ（国内法の整備等が必要になる）、締約国の人権状況が改善されるという仕組みです。また条約の委員会により勧告（Q46参照）が出されます。これを見ると日本の課題がより見えてきますし、実践を確かなものにするためにも活用できます。２０１５年に採択された「持続可能な開発目標[1]」は30年までに世界各国が達成すべき17の目標が定められており、人権と性に関わるのは、目標３「すべての人に健康と福祉を」、目標４「質の高い教育をみんなに」、目標５「ジェンダー平等の実現」です。こうした人権と性の擁護や促進に関わる国際組織の動きにもアンテナを高くしておきたいところです。とはいえ言葉の壁や情報にアクセスしづらいことがまずありますし、どう読み解くかはハードルが高いと思えるかもしれません。しかし国際社会における人権や性に関連した情報を発信している国内の団体はいくつかありますから、そこにアクセスするのも一つの

（1）SDGs：Sustainable Development Goals

手です。[2] 日本は人権に関わって国際法を軽視する傾向にあるので、今後ますます国際的な情報を収集し、幅広く活用していくことは課題です。

国内法としては、基本的人権の尊重を基本原理とする日本国憲法や教育基本法があります。また人権教育及び人権啓発の推進に関する法律、男女共同参画社会基本法や配偶者暴力防止法（DV防止法）でも、人権と性、そして教育に関わる内容は含まれています。

人権教育及び人権啓発の推進に関する法律が２０００年に公布・施行され、各都道府県が行動計画や基本計画を策定しています。これは学校、家庭・地域、企業・団体のあらゆる場を通じてとりくむ教育となっています。女性、子ども、高齢者、障害者等、11の人権課題が出されています。個別的アプローチはもちろん重要ですが、すべての前提として普遍的な人権概念の深い学びがないことには、自分と切り離した内容になりがちという問題もあります。また「その他の人権問題」には「今後、社会環境の変化等に伴い新たに生じる人権問題については、あらゆる機会を通じて、人権教育及び人権啓発を推進」することが可能です。

男女共同参画社会基本法や配偶者暴力防止法では「教育及び啓発」を掲げています。自治体によって出張講座や連携授業、啓発資料の作成と配布等のデートDVや暴力防止のとりくみがあります。暴力防止のとりくみはとても重要ですが、包括的性教育が保障され、性は人権だという意識がしっかりと大人にも子どもにもあれば、対応も変わるのではないでしょうか。例えば子どもの性被害について、性暴力はどういうときに起きるか、実際に起きた時の対応（どこに相談に行けばよいか等）の、できれば前に、または同時期に、性を含むからだを

(2) 例えば〝人間と性〟教育研究協議会（世界の性教育の特集を組むこともあれば、各国のレポートもあります）、日本家族計画協会、ジョイセフ、日本性教育協会、日本性科学学会、性の健康医学財団、ヒューライツ大阪、ヒューマンライツウォッチ、アムネスティインターナショナル、日本弁護士連合会、外務省……等々の機関紙や報告書、ホームページからも情報を集めることができます。

肯定的に受け止める土壌がないことには、難しい部分が出てくると思われます。

これらの国際法ならびに国内法を踏まえつつ、性教育の方向性や重要性について、さまざまな立場の人々と議論する必要があります。性は人権そのものであり、学ぶ権利があります。しかし子どもだけでなく大人もそれが保障されているとはいい難い状況があります。性教育にとりくむことは、大人も学び続けることであり、時に内面化したさまざまなバイアス（偏見）とも向き合う作業が必要になるでしょう。そのため、より豊かな実践や研究の可能性を拓くには、教育現場に関わる人、医療、看護、福祉、研究者、市民、マスメディア等々と協同で進めていく必要があります。

中でも教育現場と関わって性教育実践を編みあげていく際に、「こころとからだの学習」裁判の判決（Q9参照）は、それを進めていく上での道筋を力強く示しており、具体的な場面でも活用できるものです。判決では子どもの現状を踏まえて、学校全体で指導内容を検討し、保護者等とも連携し、組織的・計画的にとりくむことは「望ましい取り組み方」であると述べられています。また学習指導要領は大綱的な意味合いのものであって、具体的教育実践においては、教育を実践する者の広い裁量を重視しています。さらに教育実践に対する教育介入については、教員を「不当な支配」から保護する義務を教育委員会に課しています。この判決は大人がどのように協同して学びを編み出していけばよいか、行政はそれをどのように支援すればよいかといった、「教育の原点」とは何かということとも関わる、画期的な判決であるといえます。

（良　香織）

まとめにかえて

ふたたびは許さない！

２０１８年3月16日、東京都議会文教委員会で古賀俊昭都議（自民党）がある中学校の性教育の授業を取り上げ、「不適切」、「問題点がある」と断じる質問をしました。それに対して都教委も、関係者への「指導」を進めるという答弁をしたのです。

古賀都議は七生《ななお》養護学校事件（Q９参照）の裁判の被告であり、断罪された自らの反省を公に表明もせず、ふたたび教育内容に介入することはとうてい認められることでなく、そして、都教委もまた敗訴を踏まえず、「学習指導要領にない」ことだけを理由に性教育を問題視し、「調査」と「指導」を進めるとしていることは行政機関として許されない、と私たちは大きな声を上げました。

「すべての人に性の学びを　教育の自由をまもり、包括的な性教育をゆたかに進めよう」4・13集会には多くの人たちが〝ふたたびは許さない！〟の決意のもとに参集し、予想をはるかに超えて会場いっぱいの参加者で埋め尽くされました。

〝ふたたびは許さない！〟の意味は、03年7月に都立七生養護学校に対して暴力的な介入が行われた事件のように、今回もけっして許さないという決意がこめられています。

これからの運動を展望する

わが国においては、これまで一度たりとも、性教育が、万全の環境で、行政的政策的にしっかりとバックアップされた中で展開された時代はありません。その点で、性教育の実践者・研究者は、教育政策を真摯《しんし》に問い、現場の環境整備、条件拡充をめざす社会運動と関わる必然性があります。

今後の運動としては、一つは、「教育の自由をまもり、包括的な性教育をゆたかに進める」中期的な連帯組織をつくっていく必要を感じています。幅広く呼びかけを行い、関係団体・関係者のゆるやかな連帯を広げていきたいと考えています。そのためには、〝大異（中異・小異）を保留して、大同につく〟の観点で、多くの個人、団体との連携を進めていきたいと願っています。

二つめに、東京都教育委員会作成の『性教育の手引』（中学校編）など、平成15年度版（平成16年3月刊）の見直し作業が進められることになっていますが、その検討過程の公開を求めるとともに、包括的性教育の内容を反映させるべき具体的目標と性教育プログラムの提案を公表していくことです。

『性教育の手引』の改訂作業が非公開のブラックボックスの中で検討されるのではなく、堂々と公の議論に付されることは民主主義の基本問題です。

全国の性教育に関わる実践者・研究者、学生・院生、子どもの団体に所属する専門職、行政職の方々に、都道府県レベルで作成されている『性教育の手引』などが子どもたちの性的発達と性的自己決定能力を本当にはぐくむことになっているのかを検証し、必要な提案・提言をしていただきたいと願っています。

三つめに、性教育の分野から学習指導要領の読みとりと内容の検証作業を進めていきます。少なくとも現在ある〝はどめ規定〟の削除は必須課題であり、性教育の発展の足かせになっている現状を考えれば、文科省の通知などによって改善することは十分に可能です。この点、国会議員や行政職の皆さんとも連携しながら、運動をつくっていきたいと考えています。

そしてこうした運動をつくりながら、大切なことは、包括的性教育の中身をすべての子どもたちに語りかけ、対話を重ねていくことではないでしょうか。そのためにも皆さんに、『国際セクシュアリティ教育ガイダンス』（第2版）の翻訳を最速で届けたいと準備しています。国際的なスタンダードに即した性教育を豊かに花開かせましょう。

そのために本書が何らかのお役に立つことを心から願っています。

◇　◇　◇

今回の出版は、企画の相談から出版まで3か月という、名実ともに緊急出版となりました。それにもかかわらず編著者からの執筆のお願いに、すべての方が快諾してくださいました。

誠にありがとうございました。

性教育、ジェンダー教育、人権教育を守り発展させたいという現場実践者や研究者の良心は沸々と燃えたぎっていることをあらためて実感いたしました。この15年は、〝失われた15年〟だけであったわけではけっしてありません。確実に人間的な知性と感性を蓄積してきた歴史でもあります。

最後になって恐縮ですが、2003年の性教育・ジェンダーバッシングの際にも出版をお引き受けていただいた大月書店に、こんなに無謀な緊急出版に協力いただきましたこと、また編集を担当してくださった森幸子さんに、心からのお礼を述べさせていただきます。

本書が多くの心ある人たちに読まれることを熱望しております。

2018年7月

浅井春夫

執筆者一覧

＊浅井　春夫（立教大学名誉教授、一般社団法人“人間と性”教育研究協議会代表幹事）
池谷　壽夫（了徳寺大学教授）
伊藤　修毅（日本福祉大学教員、一般社団法人“人間と性”教育研究協議会障害児・者サークル代表）
＊艮　　香織（宇都宮大学教員、一般社団法人“人間と性”教育研究協議会幹事）
遠藤まめた（にじーず代表）
及川英二郎（東京学芸大学教員）
勝部まゆみ（公益財団法人ジョイセフ業務執行理事・事務局長）
金子由美子（さいたま市生活困窮者学習支援教室代表、一般社団法人“人間と性”教育研究協議会代表幹事）
北村　邦夫（一般社団法人日本家族計画協会理事長）
北山ひと美（和光小学校校長・和光幼稚園園長、一般社団法人“人間と性”教育研究協議会幹事）
齊藤　弘子（NPO法人家庭科教育研究者連盟顧問）
関口　久志（京都教育大学教員、一般社団法人“人間と性”教育研究協議会幹事）
田代美江子（埼玉大学教員、一般社団法人“人間と性”教育研究協議会代表幹事）
知識　明子（NPO法人家庭科教育研究者連盟会長）
＊鶴田　敦子（子どもと教科書全国ネット21代表委員，元聖心女子大学教授）
中川　重徳（弁護士、七生養護学校「こころとからだの学習裁判」弁護団）
中川　千文（静岡北高等学校非常勤講師）
中野　久恵（元養護教諭、一般社団法人“人間と性”教育研究協議会代表幹事）
楢原　宏一（吉祥女子中・高校教諭、一般社団法人“人間と性”教育研究協議会幹事）
朴　　惠貞（東京造形大学・中央大学兼任講師、一般社団法人“人間と性”教育研究協議会幹事）
橋本　紀子（女子栄養大学名誉教授、国際婦人年連絡会世話人）
日暮かをる（七生養護学校「こころとからだの学習裁判」元原告団長）
星野　　恵（元・小学校教員、一般社団法人“人間と性”教育研究協議会幹事）
堀川　修平（東京学芸大学大学院院生、一般社団法人“人間と性”教育研究協議会幹事）
水野　哲夫（大学等非常勤講師、一般社団法人“人間と性”教育研究協議会代表幹事）
村末　勇介（琉球大学教員、一般社団法人“人間と性”教育研究協議会九州ブロック幹事）
渡辺　大輔（埼玉大学教員、一般社団法人“人間と性”教育研究協議会幹事）

＊は編著者

装　丁　藤田知子
装　画　丸山一葉
D T P　編集工房一生社

性教育《せいきょういく》はどうして必要《ひつよう》なんだろう？
包括的性教育《ほうかつてきせいきょういく》をすすめるための50のQ＆A

2018年8月9日　第1刷発行
2019年8月8日　第2刷発行

定価はカバーに
表示してあります

編著者　浅井春夫
艮　香織
鶴田敦子

発行者　中川　進

〒113-0033　東京都文京区本郷2-27-16

発行所　株式会社　大月書店

印刷　太平印刷社
製本　中永製本

電話（代表）03-3813-4651　FAX 03-3813-4656　振替00130-7-16387
http://www.otsukishoten.co.jp/

ISBN978-4-272-41252-5　C0037　Printed in Japan